DIDAKTIK UND METHODIK DEUTSCH ALS FREMDSPRACHE

EINE EINFÜHRUNG

Didaktik und Methodik Deutsch als Fremdsprache

Eine Einführung

Von Dieter Strauss

Langenscheidt
Berlin · München · Wien · Zürich · New York

Fremdsprachenunterricht in Theorie und Praxis
Allgemeiner Herausgeber: Prof. Dr. G. Neuner

Illustrationen: Theo Scherling
Fotografie: Bjarne Geiges (S. 106, 109)
Angelika Sulzer (S. 125, 126)
Süddeutscher Verlag (S. 72, 81)

Auflage:	8. 7. 6. 5.	Letzte Zahlen
Jahr:	1994 93 92 91	maßgeblich

Druck: Druckhaus Langenscheidt, Berlin-Schöneberg
Printed in Germany · ISBN 3-468-49432-7

Inhaltsverzeichnis

Vorwort

Was der Titel *Didaktik und Methodik Deutsch als Fremdsprache – Eine Einführung* verspricht, soll in dem Buch auch wirklich gehalten werden: Der Leser soll wirklich *eingeführt* werden, und zwar auf einfache und verständliche Weise. Dabei sollen die Inhalte so angeordnet und präsentiert werden, daß das Lernen Spaß macht. Kein Wunder, daß bei diesem Ansatz im Zentrum des Buches methodische Vorschläge zur Lernwegorganisation stehen, die motiviertes, nachhaltiges und schnelles Lernen ermöglichen sollen. Da es aber nicht nur auf das *Wie* – auf die *Methode* –, sondern auch auf das *Was* ankommt, wird auch die Lernziel- und die Lernstoffbestimmung, wie z. B. die Textauswahl – also die *Didaktik* –, mitberücksichtigt.

Wenn dieses Buch engagiert durchgearbeitet wird, ist der Leser damit am Schluß in der Lage, Unterrichtsentwürfe zur Förderung der Hör- und Sprechfertigkeit sowie zum Leseverstehen in ihrem Aufbau zu erkennen und zu beurteilen sowie seinen Lernern und ihren Lernzielen anzupassen.

Wer ist nun der bereits oft zitierte *Leser*, an welchen Wunschadressaten wendet sich diese Einführung in erster Linie? An DaF-Lehrerstudenten, die sich noch nicht bzw. noch nicht intensiv mit didaktisch-methodischen Fragen beschäftigt haben, und zwar vor allem an ausländische DaF-Lehrerstudenten, die bereits die „Sprachprüfung für ausländische Studienbewerber an deutschen wissenschaftlichen Hochschulen" bestanden haben. Für diese ausländische Lernergruppe sind die sprachpraktischen Übungen dieses Buches verfaßt worden, die *der Leser selbst durchführen soll*, um am „eigenen Leib" zu erfahren, wie die vorgeschlagene Methode wirkt.

Werfen wir nach der Beschreibung des *Ziels* dieses Buches, sowie seiner *Wunschadressaten* noch einen Blick auf den *Aufbau* dieser Einführung: Im Sinne des motivierten Lernens gehen wir von einem Unterrichtsmodell zur Hör- und Sprechfertigkeit aus, das Sie selbst als Deutsch-Lerner durchspielen sollen (Kapitel 1, 1). Anschließend erarbeiten wir gemeinsam die dem Modell zugrundeliegenden Lern- und Lehrtechniken (Kapitel 1, 2). Und das bedeutet, daß Sie im Rahmen von Aufgaben diese Techniken selbst entdecken und benennen sollen. Unsere Ergebnisse werden dann in einem Raster zur Methode (Kapitel 1, 3) zusammengefaßt, das Ihnen als Entscheidungshilfe, nicht aber als Rezeptvorlage beim Beurteilen von Stundenentwürfen helfen soll.

Vor diesem methodischen Hintergrund werden dann – wieder am Beispiel der Hör- und Sprechfertigkeit – didaktische Fragen zu den *Lernzielen*, zu der *Textauswahl* sowie zu der *Bestimmung der zu aktivierenden Lernstoffe in Texten* behandelt (Kapitel 2). Kapitel 3, 1 bringt dann wieder ein Unterrichtsmodell, diesmal zum Leseverstehen, das Sie wieder selbst durchspielen können. Nach der Erarbeitung der entsprechenden Lern- und Lehrtechniken (Kapitel 3, 2) folgt wieder die Zusammenfassung in einem Raster (Kapitel 3, 3).

Die praktischen Unterrichtsbeispiele in Kapitel 4 richten sich beispielhaft an indonesische oder niederländische Lerner aus den Sekundarstufen 1 und 2 sowie an Erwachsene und sind als Modelle auf andere Zielgruppen übertragbar. Ihre Aufgabe ist dabei im Rahmen der entsprechenden Übungen, die in den Modellen verwendeten Lern- und Lehrtechniken zu bestimmen und sich über die didaktischen Voraussetzungen klar zu werden.

Spätestens dann wollen Sie wissen, wie die Einführung zu ihren didaktisch-methodischen Vorschlägen kommt. Ein Begründungsteil (Kapitel 5) versucht daher die wichtigsten Prinzipien unseres Konzeptes vor dem Hintergrund dessen, was wir heute über den Lerner und die Sprache wissen, zu begründen und aus dem lernpsychologisch-linguistischen Bezugsrahmen abzuleiten.

Wenn Sie weiterarbeiten wollen, helfen Ihnen dabei die größtenteils kommentierten Lektürehinweise am Schluß des Buches.

Ich hoffe, daß Sie durch den induktiven, von Beispielen ausgehenden Ansatz und durch das Konzept des *learning by doing* motiviert werden. Und vor allem, daß die vielen Arbeitsaufgaben zusammen mit dem Begründungsteil und der Bibliographie dazu beitragen, daß Sie – wenn Sie wollen – auf diesem Gebiet weiterlernen und weiterarbeiten können.

Dieter Strauss

Verzeichnis der verwendeten Symbole

* kennzeichnet die *Lehrer*rolle

○ ● △ □ } kennzeichnen die *Schüler*rollen

Ü 1	•

Der Punkt neben Ü 1 kennzeichnet die *Sozialform* und bedeutet Einzelarbeit.

Weitere vorkommende Symbole für die Sozialform sind:

Ü ... 
Plenararbeit

Ü ... 
Dreiergruppe

Ü ... 
Reihenübung

Ü ... 
Partnerarbeit

Ü ... 
Vierergruppe

• • • • • in Übungen bedeutet, daß die Übung circa fünfmal – mit wechselnden Einsetzelementen – durchzuführen ist.

Kursivdruck in einer Übung zeigt die Austauschelemente an.

1 Methodik des Hör- und Sprechfertigkeitsunterrichts

1.1 Unterrichtsmodell zum Hör- und Sprechfertigkeitstraining als induktive Einführung in die Methode

Wenn Sie den folgenden Unterrichtsentwurf konsequent durcharbeiten, den Arbeitsanleitungen folgen und die Arbeitsaufgaben lösen, erfahren Sie „am eigenen Leib“, wie die hier angewendete Methode wirkt, und können damit besser beurteilen, ob die methodischen Vorschläge geeignet sind. Wunschadressaten für diesen Entwurf sind DaF-Lehrerstudenten mit einer Sprachkompetenz, wie sie in der „Sprachprüfung für ausländische Studienbewerber an deutschen wissenschaftlichen Hochschulen“ verlangt wird. Aber auch fortgeschrittenere Lerner können das Modell aus der Methodenperspektive mit Gewinn durcharbeiten.

Beim Durchspielen des folgenden Modells ist davon auszugehen, daß der Autor die Lehrer- und Sie die Lernerrolle übernehmen und daß die Unterrichtseinheit im Kontaktunterricht, also in der Klasse, durchgeführt wird.

Unterrichtsmodell

* Beginnen wir mit einem Spiel.
Sie haben – glücklicherweise? – die Schulzeit hinter sich. Haben Sie auch unter der Schule so gelitten wie Jakob van Tast, die Hauptfigur in Alexander Spoerls *Memoiren eines mittelmäßigen Schülers?*[1] Ein Beispiel aus den „Leiden des Jungen van Tast“:

In einem Landschulheim wird der Briefwechsel der angehenden Abiturienten unter Zensur gestellt. Am Abend schreibt van Tast folgenden Brief an seine Eltern:

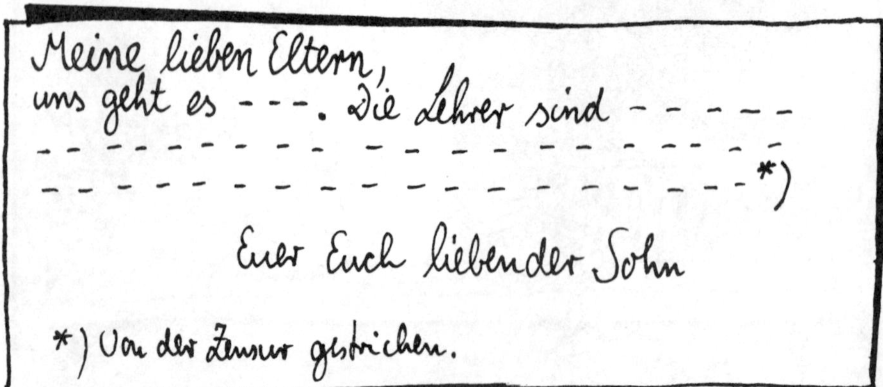
Meine lieben Eltern,
uns geht es – – –. Die Lehrer sind – – – –
– –
– –*)

Euer Euch liebender Sohn

*) Von der Zensur gestrichen.

Und die Reaktion der Lehrer: „*Da haben Sie doch offenbar etwas schreiben wollen, irgendeine Frechheit, nicht wahr? . . . Aber da Sie Gedankenstriche gemacht haben, ist es uns ganz klar, was Sie geschrieben hätten . . .*“[2]

---

[1] Alexander Spoerl: *Memoiren eines mittelmäßigen Schülers,* R. Piper & Co. Verlag, München 1950.
[2] ebda, S. 75 f.

Ist Ihnen das auch so klar? Spielen Sie der Zensur einen Streich und füllen Sie die Brieflücken auf. Ergänzen Sie dabei die Hauptprobleme, die die circa 16- bis 19jährigen Oberstufenschüler heute in der Bundesrepublik Deutschland haben:

○

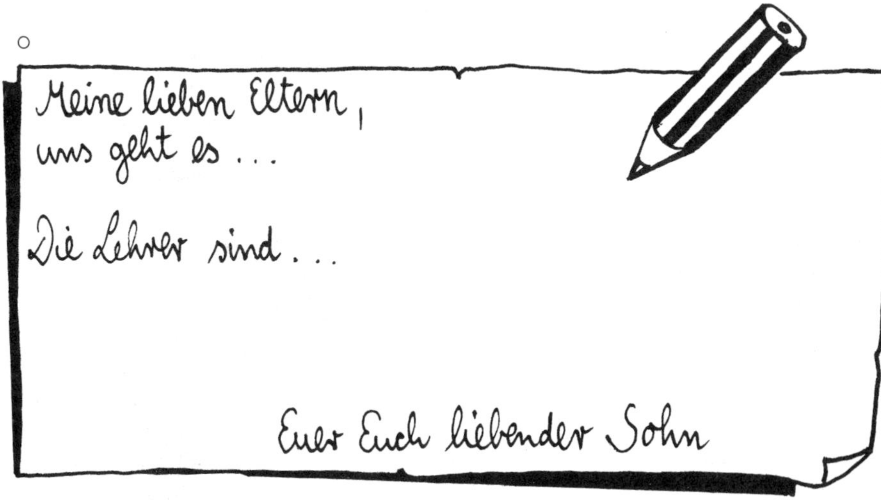

* Halten Sie meinen Vorschlag für übertrieben?

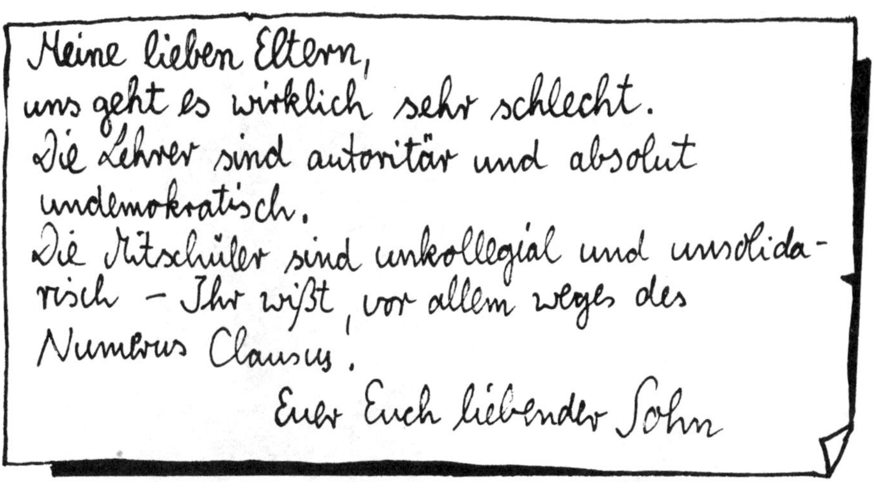

Übertrieben? Die Fakten sprechen eine andere Sprache: Nur noch 67,4% aller Abiturienten wollen studieren, in den letzten drei Jahren hat sich die Zahl der Lehrlinge mit Abitur verfünffacht. Kurzum: *Statt Studium – Einstieg in die Praxis* lautet die Devise. Worauf führen Sie den Trend zurück? Sicherlich nicht nur auf den Numerus clausus. Machen Sie Vorschläge, wahrscheinlich sind Sie einfallsreicher als ich:

○ Ursachen für die Studierunlust in der Bundesrepublik Deutschland in den achtziger Jahren

1. ______________________________

2. ______________________________

3. ______________________________

4. ______________________________

5. ______________________________

* Bei meinem Vorschlag steht der Numerus clausus ganz oben:
1. Numerus clausus
2. Theoriemüdigkeit
3. Mitarbeit im väterlichen (Handwerks-)Betrieb
4. Größere Verdienstmöglichkeit als Nicht-Akademiker
5. Arbeitslosigkeit der Akademiker

Daß Leistungsdruck die Schüler zu unkollegialem Verhalten bringt, zeigen Schnurres[3] Berliner Schulkinder besonders drastisch:

FREUNDINNEN

Verdammt. Schon wieder ne Fünf.
   In was n?
Immer s selbe: Latein.
   Aber auch n mieser Molch, dieser Müller.
Kann ich dir sagen.
   Wir ham ihn in Mathe.
Und?
   Na, genauso: ne Fünf.
Abschießen müßt man den Kerl.
   Mit Kußhand. Bloß wie?
Findste nich auch?
   Was.
Eigentlich sieht er doch fies genug aus.
   Wozu.
Daß man ihm n paar unsittliche Berührungen
anhängen könnt.
   Mensch –! D i e Idee!
Los: Du heute zum Direx, ich morgen.
   Gemacht.

Wolfdietrich Schnurre

[3] Wolfdietrich Schnurre: *Ich frag ja bloß,* Paul List Verlag, München 1973, S. 136.

Soweit führt der Numerus clausus vielleicht nicht. Doch sehen wir uns an Stelle von Spekulationen einmal am Beispiel einer authentischen Diskussion zwischen Primanern eines deutschen Internats an, wie stark der Numerus clausus die Schüler heute beeinflußt. Falls kein Goethe-Institut in Ihrer Nähe ist, das Ihnen den Video-Film mit der Diskussion[4] vorführt oder ausleiht – hier folgt die Transkription:

Diskussion

Reporter: Sackgasse Abitur? Was bedeutet das? Ein Gespräch unter Salemer Abiturienten gibt Auskunft. Es mag als typisch für alle Abiturklassen angesehen werden, nicht nur in Internaten.

Schülerin 1: . . . ist einfach die Veränderung der Leute untereinander in ihrem sozialen Verhalten durch diese Oberstufenreform, weil einfach jedes gemeinsame Denken – sich quasi negativ für einen selber auswirken kann. Vor allem, man denkt nur noch seine eigenen, an seine eigene Punkterafferei, so weit ist es eben jedem schon klar geworden, daß man vielleicht so denken muß, dann fährt man gut. Und – jedes Denken für den andern wird dabei ausgeschaltet.

Jürgen: Ich versau doch nicht mein Leben durch 'n schlechteren Numerus clausus ja, nur damit hier abends 'n bißchen, bißchen Stimmung aufkommt und 'n paar Leute dufte zusammensitzen können ja? Da fühl ich mich einfach Egoist genug ja, ich streb einfach um meinen Numerus clausus und was drum um mich herum ist, ist mir völlig wurscht.

[4] *Reservate. Die Schule im Schloß. Internat Salem.* ARD-Sendung vom 14. 12. 1975.

Schülerin 2: Und du glaubst, daß das persönlichkeitsfördernd ist ja, und für dein späteres Leben . . .

Jürgen: Das ist –, das ist völlig wurscht, ob das persönlichkeitsfördernd ist oder nicht, ich komm eher an mein Studium ran, das ist doch was primär als einzigstes Ziel . . .

Schülerin 3: Und der Individualismus, den du sagst, der gut ist, der ist glaube ich nur bis zum gewissen Grade gut: Nämlich 'n gesunder Egoismus, den man hier auch lernt, aber hier wird es dann auch übersteigert, und das ist nicht gut.

Jürgen: Ja, du mußt – das Individuelle fördern ja? Hier werden, so wie's jetzt ist, wird der Mensch für das Leben später erzogen, er lernt auf seinen eigenen Füßen zu stehen, das ist doch das, was du brauchst ja?

Schülerin 1: Du behandelst doch diese Schule oder faßt die Schule auf als ein Trainingslager zum guten Überleben im deutschen Wirtschaftsleben.

Schüler 1: Aber Hahn versucht dieses Erziehungsleben sozusagen zu humanisieren und zu vermenschlichen. Er versucht ein anderes Leben daraus zu machen. Und gerade das macht ja den Unterschied zum normalen Leben, zum normalen –, zu dem Aufwachsen in der Familie, eben hier in diesem Internat. Daß eben dieses Vorbereiten auf dieses spätere Leben eben nicht der normale sozusagen wirtschaftliche Kämpfer hier geboren wird, sondern eben daß er Verständnis für den Menschen rein bringt, der gewisse sozusagen humanitäre „Touch" sozusagen.

Schüler 2: Na, aber es geht eben total an der Realität vorbei. Das findest du heute nirgends, daß so Weltbürgertum, so jeder für jeden und, und so. Wir vertragen uns ja alle, das find man nirgends auf der Welt, auch nicht draußen, warum willst du hier was künstlich schaffen, was du später doch gar nicht realisieren kannst, wenn du rauskommst. Du wirst doch deinen Freundeskreis haben, da wirst du diese Ideen also vorbringen können und verwahrheiten können, aber so lange du hier auf der Schule bist, kannst du das doch nicht dann plötzlich auf 100 Mann ausdehnen.

Reporter: Auf die Frage an Jürgen, ob er an einer Veränderung der Gesellschaft interessiert sei, sagt er:

Jürgen: Ich? Nein, nicht unbedingt. Ich will dahin gehen, wo es mir gut geht. Wo es mir gut geht, ist mein Vaterland ja? Und ich will einfach, ich will einfach bestehen, will 'n gutes Leben haben ja? Und wenn die anderen einfach rücksichtslos sind, wenn man nur rücksichtslos hochkommen kann, werde ich, werde ich eben auch rücksichtslos sein müssen ja? Aber ich werd mich nicht unterordnen lassen, nur weil ich 'ne gute Idee hab von 'nem besseren Menschenbild ja? Die ich nie verwirklichen kann.

Einige Schüler: . . .

Jürgen: . . . werde ich nie unten in der Gesellschaft bleiben ja? Lieber ich werde, ich will, ich will hochkommen ja? Ich will nicht da unten bleiben ja? Auch nicht für meine gute Idee ja?

Schüler 3: Der Jürgen glaubt, er wäre sozusagen der Einzelkämpfer hier gegen alle seine Mitmenschen und seine, und seine Feinde. Aber die Tatsache ist, der Jürgen ist seit Sexta auf dieser Schule oder seit Quinta. Und wenn er jetzt behauptet, er wäre Einzelkämpfer, dann muß ich ihm sagen, da täuscht er sich. Er glaubt, es ist vielleicht hier oben drin, aber irgendwann hat er schon dies, dies Hahnsche Prinzip auch mitbekommen. Und das wirkt sich täglich in seinem Denken auch irgendwie aus; auch wenn es nicht ganz oben ist.

Jürgen: Ich kann das studieren, was ich will, wenn ich 'n gutes Abitur mach ja? Dadurch kann ich vielleicht, wenn ich jetzt Medizin, wie ich jetzt werden will, ja? Kann ich Geld machen ja? Und dann kann ich wieder, wenn ich das Geld hab, meine Individualität entfalten, weil ich durch das Geld wieder unabhängig geworden bin ja?

Schüler 4: Dann bist du ja total asozial!

Jürgen: Bitte? das ist mir völlig –, ich denk einfach jetzt an mich, wer denkt denn schon an mich? Ich denk jetzt erst mal an mich.

Schüler 5: Du sprichst von deinen Ideen, die du hast ja? Und die du weitertragen willst ja? Aber durch deine Methoden da disqualifizierst du dich von vornherein ja? Du kannst nicht gute Ideen mit schlechten Methoden verwirklichen. Damit ist das sofort hinfällig.

Ü 1	•

* Haben Sie das Wichtigste, den „roten Faden", verstanden? Sie sind nicht ganz sicher? Machen wir mit der Beantwortung der folgenden Fragen die Probe aufs Exempel:

1. Im Rahmen der Hahn'schen Erziehungsidee sollen die Schüler

a)○ vor allem zu sozialem Verhalten und Hilfsbereitschaft gegenüber allen Menschen erzogen werden,

b)○ dazu angeleitet werden, diese Ideale lediglich in ihrem Freundeskreis zu praktizieren,

c)○ in erster Linie dazu angeregt werden, ihre Individualität – eventuell auch auf Kosten anderer – zu entfalten.

2. Die meisten Salemer Primaner

a)○ stehen voll hinter der Hahn'schen Idee und wollen danach ihr Leben ausrichten,

b)○ halten eine Verwirklichung dieses Ideals für aussichtslos,

c)○ akzeptieren die Hahn'schen Prinzipien bedingt und glauben, sie in ihrem Freundeskreis praktizieren zu können.

3. Jürgen lehnt die Hahn'sche Idee radikal ab, weil

a)○ man bei der Rücksichtslosigkeit der Umwelt lediglich unter Einsatz seiner Ellbogen hochkommen kann,

b)○ der Numerus clausus zum Einzelkämpfertum zwingt,

c)○ ihn unsoziales Verhalten befriedigt.

4. Jürgens Diskussionspartner

a) ◯ *akzeptieren Jürgens Haltung,*

b) ◯ *bezeichnen diese Einstellung als total unsozial,*

c) ◯ *zeigen für diese extreme Auffassung Verständnis.*

5. Jürgen wird von seinen Klassenkameraden

a) ◯ *als hoffnungsloser Fall abgetan,*

b) ◯ *als Mitschüler mit gutem Kern angesehen.*

* Wie sind Ihre Antworten ausgefallen? Wenn ich die Diskussion richtig verstehe, sind die Antworten 1a, 2c, 3a und b sowie 4b und 5b richtig. Damit ist diese für alle heutigen Abiturklassen typische Diskussion ein trauriger Beweis für die negativen Folgen des Numerus clausus: Egoismus, Streberei, Unkollegialität. Eine Palette, die im Extremfall bis zu Jürgens Rücksichtslosigkeit reicht.

Ü 2	•

* Jürgen diskutiert in dem Video-Film mit seinen vertrauten Mitschülern, aber vor einem Reporter, einem Kameramann und einer Fernsehkamera und d. h.: vor einer großen, anonymen Fernseh-Zuhörerschaft. Und in dieser formellen Situation greift Jürgen zu den Worten:

Ich versau doch nicht mein Leben durch 'n schlechteren Numerus clausus ja, nur damit hier abends 'n bißchen, bißchen Stimmung aufkommt und 'n paar Leute dufte zusammensitzen können ja? Da fühl ich mich einfach Egoist genug ja, ich streb einfach um meinen Numerus clausus und was drum um mich herum ist, ist mir völlig wurscht.

So wie man jemanden mit dem vertrauten *Hallo* oder mit dem formelleren *Guten Tag* begrüßen kann, kann man auch seine Gleichgültigkeit mehr informell durch *das ist mir wurscht* und mehr neutral durch *das ist mir egal* ausdrücken. Daß man sich seine Zukunft nicht verbauen will, kann man ebenfalls mehr informell mit *versauen* und mehr neutral mit *verderben* ausdrücken. Für die genannten Sprachfunktionen (z. B.: Jemanden begrüßen) stehen also verschiedene Sprachebenen (z. B.: *Hallo* und *Guten Tag*) zur Verfügung. Diese Sprachebenen nennt man auch „Sprachregister".

Warum benutzt Jürgen in der formellen Fernseh-Situation die informellen Wendungen? Formuliert Jürgen hier unaufmerksam oder will er mit dem Einsatz eines informellen Registers in formeller Situation etwas ausdrücken, fungiert dieser „Registerbruch" als Signal? Ob der Registerbruch etwas bedeutet und wenn ja, was er bedeutet, kann nur im Spiegel des Kontextes und d. h. der vorhergehenden Sprecherbeiträge entschieden werden.

Lesen Sie die entsprechende Stelle noch einmal durch (Seite 15, Zeile 4 bis 9) und charakterisieren Sie den Sprecherbeitrag der Schülerin durch stichwortartige Angabe des beschriebenen Sachverhalts! Machen Sie dabei deutlich, wie die Schülerin diesen Sachverhalt bewertet, ob sie ihn neutral bzw. verständnisvoll beschreibt oder eher als Vorwurf gegen die anderen richtet. Überprüfen Sie dann vor diesem Spiegel, ob der Registerbruch Jürgens etwas bedeutet.

o Sprecherbeitrag der Schülerin (Sachverhalt mit Bewertung):

____

____

Sprecherbeitrag Jürgens (Sachverhalt und Deutung des Registerbruchs)

____

____

* Was halten Sie von meinem Vorschlag?

Sprecherbeitrag der Schülerin: Der Numerus clausus führt zu unsozialem Verhalten. Dabei legt die Art der Argumentation – die häufige Verwendung von *man* oder des *Passivs* anstelle von *ich* bzw. *wir* – nahe, daß die Schülerin diesen Sachverhalt ablehnt und als Vorwurf in die Diskussion einbringt.

Sprecherbeitrag Jürgens: Soziales Verhalten verursacht schlechte Noten und zieht damit ein Scheitern am Numerus clausus nach sich; das macht Jürgen nicht mit!

Tabellarisch läßt sich das folgendermaßen zusammenfassen:

Jürgen:	*JA* zu der Zerstörung der Solidarität durch den Numerus clausus	. . . *ist mir völlig wurscht.*
Schülerin:	*NEIN* zu der Zerstörung der Solidarität durch den Numerus clausus	Bedeutung der Wendung . . . *ist mir völlig wurscht* für die Schülerin?

Jürgen widerspricht seiner Mitschülerin massiv und im Ton sehr gereizt. Dabei enthält er seiner Mitschülerin die zu erwartenden neutralen bzw. formellen Wendungen vor und signalisiert damit durch den Registerbruch, daß er seine Partnerin geringschätzt und ihren Vorwurf nicht ernst nimmt. Vergleicht man den Registerbruch mit den Verwendungsmöglichkeiten des „Duzens", handelt es sich hier um das *„Du" der Geringachtung,* das Du, mit dem heute noch Asylanten, Gastarbeiter und Geisteskranke traktiert werden.

In anderem Kontext kann der Registerbruch auch Sympathie signalisieren: Die Verwendung des informellen Registers in formeller Situation betont dann die geringe soziale Distanz zwischen Sprechern und Hörern: Es ist das ,,*Du*" *der Vertrautheit* und *Solidarität*! Denken Sie z. B. an das *Hallo* oder *Tschüs* in formeller Situation!

Das Hörverstehen richtet sich damit nach folgendem Interpretationsmechanismus:

1. Register- *einschätzung*	2. Register- *bewertung* im Spiegel der Situation	3. Register- *interpretation* im Spiegel des Kontextes

In unserem Beispiel:

das ist mir wurscht = *informelles Register*	in formeller Situation = *Registerbruch*	Bei Widerspruch und Gereiztheit = *„Du" der Geringachtung und nicht „Du" der Sympathie*

Ü 3

* Noch einmal Jürgen:
„Ich versau nicht mein Leben durch 'n schlechtes Abi: *Ich setz mich doch nicht abends mit Euch zusammen."*

Diese kleine Rücksichtslosigkeit ist natürlich erst die ,,Spitze des Eisbergs". Versetzen Sie sich in Jürgens Rolle: Sie verteidigen Jürgens Standpunkt vor einigen Mitschülern auf Jürgens Internatszimmer:

* < Ich verderb nicht mein Leben durch 'n schlechtes Abi: / Ich versau nicht mein Leben durch 'n schlechtes Abi: } *ich*
setz mich doch nicht abends mit Euch zusammen.

○ < Ich verderb nicht mein Leben durch 'n schlechtes Abi: / Ich versau nicht mein Leben durch 'n schlechtes Abi: . . . . .+

○ < Ich verderb nicht mein Leben durch 'n schlechtes Abi: / Ich versau nicht mein Leben durch 'n schlechtes Abi: . . . . .+

○ < Ich verderb nicht mein Leben durch 'n schlechtes Abi: / Ich versau nicht mein Leben durch 'n schlechtes Abi: . . . . .+

○ < Ich verderb nicht mein Leben durch 'n schlechtes Abi: / Ich versau nicht mein Leben durch 'n schlechtes Abi: . . . . .+

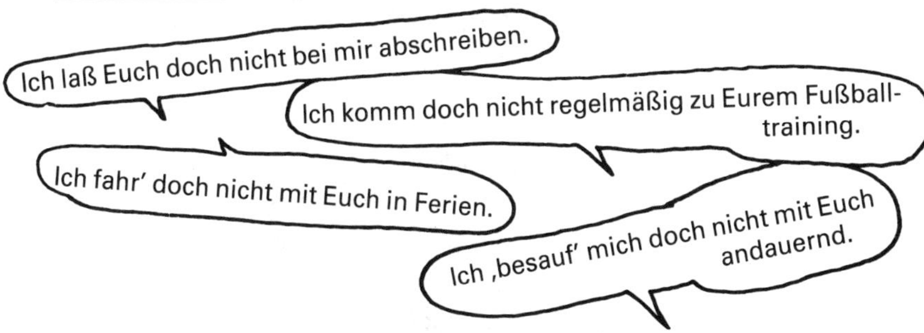

+ Hier sind die unter der Übung stehenden Einsetzelemente oder andere passende Sätze einzusetzen.

Ü 4	≡

Nehmen Sie im Rahmen einer Fernsehkonferenzschaltung an dem Gespräch teil!

Ü 4–10

* Die Idee dieses Internats muß aber doch vorgebracht und verwirklicht werden, *sonst machen wir die Schule und die Welt noch inhumaner.*[+]
● ● ● ● ●[++]

sonst wird dem Egoismus endgültig Tür und Tor geöffnet.

sonst verkümmern alle menschlichen Kontakte.

sonst wird jede Kollegialität aufgegeben.

sonst unterstützen wir Unterdrückung und Ausbeutung.

[+] Der Kursivdruck zeigt, daß dieser Satz gegen die Einsetzelemente auszutauschen ist.
[++] ● ● ● ● ● bedeutet, daß die Übung ca. fünfmal mit den Einsetzelementen durchzuführen ist.

Ü 5	●

* Kein Wunder, daß Jürgen sofort auf seine Kritiker in aggressivem Ton reagiert:

○ Das ist mir völlig wurscht, ob damit Unterdrückung und Ausbeutung unterstützt werden.

Völlig wurscht ist mir übrigens auch, ob damit die Schule noch inhumaner wird. Mir geht's nur um mich und meine Ziele.

Was hatten wir noch? – Ja richtig:
Ob damit jede Kollegialität auf der Strecke bleibt, das ist mir auch völlig wurscht: Letzten Endes sind ja doch alle Egoisten.

* „Du" der Solidarität oder „Du" der Geringachtung?
Wie verstehen Sie Jürgens Beitrag?

Bei der inhaltlichen Zurückweisung der Kritiker und bei dem aggressiven Ton ist völlig klar: Das informelle Register anstelle des formellen soll die Kritiker herabsetzen. Es ist das Register der Geringachtung.

Doch versetzen wir uns in die Lage des Sprechers und versuchen wir, vor dem Hintergrund unseres HV-Interpretationsmechanismus die Sprecherstrategie zu rekonstruieren:

1. ____________ > 2. ____________ > 3. ____________

1. *Festlegung der Sprechabsichten*	2. *Situationseinschätzung*	3. *Registerwahl im Spiegel des Kontextes*
Hier: – Ausdruck der Gleichgültigkeit – Ausdruck der Geringachtung	Hier als formell (Fernsehkonferenzschaltung)	Hier eines informellen Registers = Registerbruch zum Ausdruck der Geringachtung

Voraussetzung dieser Strategie ist der funktionierende HV-Interpretationsmechanismus. Zusammenfassend läßt sich das Zusammenspiel beider Strategien folgendermaßen darstellen:

SF-Perspektive	1. Festlegung der *Sprechabsichten* >	2. *Situationseinschätzung* >	3. *Registerwahl*
HV-Perspektive	6. Register*interpretation*	< 5. Register*bewertung*	< 4. Register*einschätzung*

Noch einmal zu dem *Inhalt von Jürgens Reaktion.* Welche der drei Stellungnahmen erschreckt Sie am meisten? Wie sieht Ihre Wahl aus? Wiederholen Sie bitte Jürgens Formulierung und begründen Sie Ihr Votum!

Ü 6

○ *Durch Ihre Methoden* – da disqualifizieren Sie sich von vornherein.
● Das ist mir völlig wurscht!
●●●●●

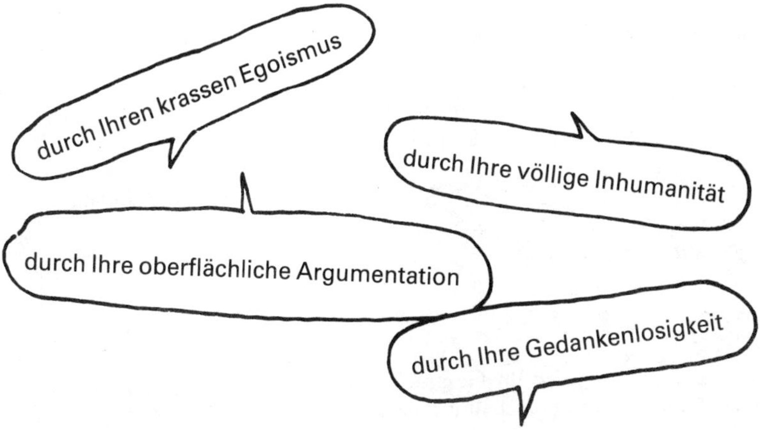

Ü 7

o *Warum lassen Sie sich denn nicht auf eine Diskussion ein?* – Ich verstehe ja, daß Sie schnell an Ihr Studium rankommen und Geld machen wollen – *aber deshalb können wir doch gründlich darüber diskutieren!*

• • • • •

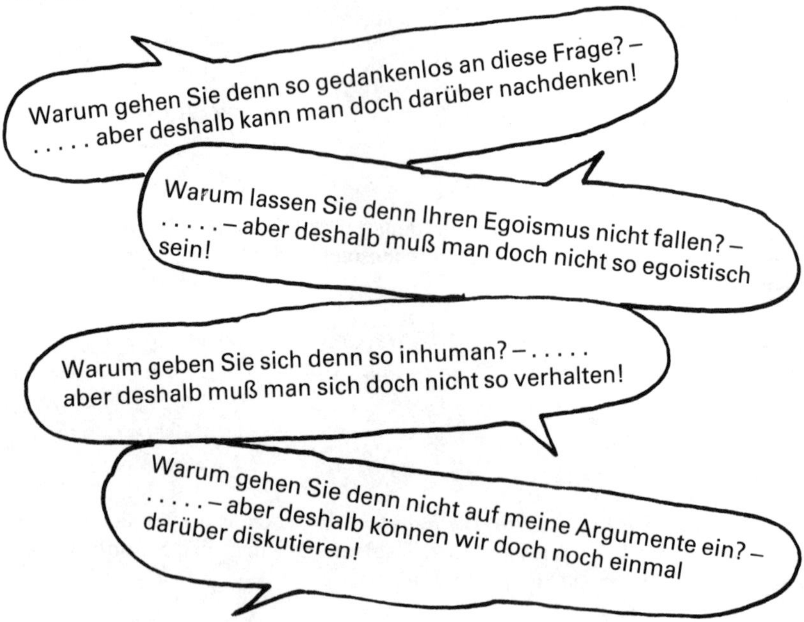

* Wenn Sie in freundlichem oder sogar „beschwörendem" Ton gesprochen haben, signalisieren die informellen Wendungen „rankommen" und „Geld machen" hier Verständnis und Sympathie:

1. *Festlegung der Sprechabsichten:*	2. *Situationseinschätzung:*	3. *Registerwahl im Spiegel des Kontextes:*
– schnell das Studium aufnehmen und Geld verdienen – Ausdruck der Sympathie, des Verständnisses	– formell (Fernsehkonferenzschaltung)	– Registerbruch zum Ausdruck der Sympathie und des Verständnisses

Ü 8

* *Rückblende:* Hören Sie sich Ihr Gespräch noch einmal mit Teilnehmern an, die sich neu an die Fernsehkonferenzschaltung angeschlossen haben.

○ Ich ..... nicht mein Leben durch 'n schlechtes Abi: ich laß Euch doch nicht abschreiben!

● Aber – die Idee dieses Internats muß doch wenigstens hier ..... werden.

○ Das ist mir völlig ....., ob die hier verwirklicht wird oder ob die Schule inhumaner wird.

△ Durch Ihren krassen Egoismus, da ..... Sie sich von vornherein.

○ Das ist mir völlig –, wirklich: das ist mir völlig .....

□ Warum lassen Sie sich denn nicht auf eine Diskussion ein? – Ich verstehe ja, daß Sie schnell an Ihr Studium ..... und Geld ..... wollen!

disqualifizieren | rankommen | wurscht | versau | machen | verwirklicht

Ü 9	●

* Jürgen reagiert gereizt auf die Rückblende:

○ Ich will hochkommen, ich will nicht da unten bleiben, weil ich das ärmliche Leben in einer Arbeiterfamilie zu gut kenne. Und da sind noch weitere Gründe:

Weil ich meine Minderwertigkeitskomplexe verlieren möchte, will ich hochkommen und nicht da unten bleiben.

Und weiter:
Ich will hochkommen, ich will nicht da unten bleiben, weil ich meine Individualität frei entfalten möchte.

Und schließlich will ich hochkommen, weil ich dahin gehen will, wo es mir gut geht.

* Welche Begründung leuchtet Ihnen am meisten ein, welche Begründung halten Sie für besonders stichhaltig? Wiederholen Sie bitte Jürgens Reaktion und begründen Sie Ihre Entscheidung. Stimmen Sie mit mir überein, daß mit der Verwendung der informellen Wendungen *hochkommen* und *da unten bleiben* in unserer Situation wieder Geringachtung und Widerspruch signalisiert wird?

Ü 10

* Nehmen Sie zu der Diskussion aus der Sicht Ihrer eigenen kulturellen Identität Stellung. Ein Indonesier könnte z. B. aus der Sicht des *gotong-royong* Stellung nehmen, das gegenseitige Hilfe und Solidarität vorschreibt:

○ Wie bewerten Sie als *Indonesier* Jürgens Haltung? Bei Ihnen wird doch immer wieder die . . . . . des *gotong-royong* . . . . .
● Wenn man diese Idee . . . . ., dann heißt das: „sich gegenseitig helfen", „Arbeiten für das ganze Dorf verrichten!"
○ Dann ist Jürgen für Sie von vornherein . . . . .?
● . . . . . nicht, aber der andere darf einem nicht . . . . . bzw. . . . . . sein.
△ Genau: Wenn man nur . . . . . will oder schnell Geld . . . . . will und das *gotong-royong* vergißt, dann . . . . . man sich das ganze Leben.

□ . . . . . Sie das Leben dann nicht als Reservat . . . . ., ich meine, sind Sie nicht zu idealistisch?
△ Nicht mehr und nicht weniger als „Ihr" Hahn!

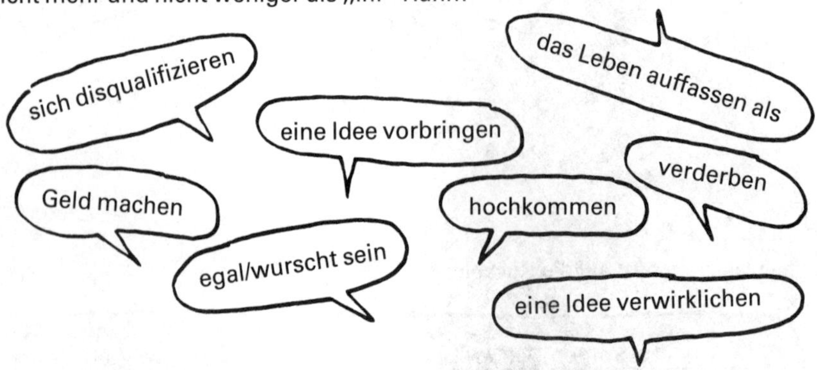

* Nehmen *Sie* jetzt Stellung und verändern Sie den Dialog entsprechend: ● ● ● ● ●

Ü 11 ●–●

* Spielen Sie das Gespräch nach: Vor dem Hintergrund der Reaktionen des Jungen geht es um die Arbeit und die Karriere seines Vaters!

○ Das hast du nun davon, daß Du nur das große Geld ..... willst, Dir aber keine Zeit für Dein Kind nimmst!
● Das Geld ist mir doch völlig ....., es ist der Konkurrenzkampf: ich kann nicht anders.
○ Du ..... doch dem Jungen das ganze Leben mit Deiner Schufterei!
● Ich? Ich ..... dem Jungen das Leben? Der Junge soll's doch mal besser haben: soll ....., soll an sein Studium ....., soll nicht hier .....
○ Du hast doch nur Deine Karriere im Kopf – damit ..... Du Dich von vornherein.

versaust | disqualifizierst | hochkommen | wurscht | machen | rankommen | versau' | unten bleiben

[5] Schnurre, a.a.O., S. 50.

* Angenommen, Sie hören das Gespräch durch die Zimmerwand mit: Signalisieren dann die informellen Wendungen für Sie zusätzliche Bedeutung, obwohl Sie in der informellen Gesprächssituation des Ehepaars, das sich allein glaubt, gebraucht werden, obwohl also kein Registerbruch, sondern Register*anpassung* vorliegt?

Beginnen wir mit einem einfachen Beispiel:

Auf den aggressiven Vorwurf seiner Frau antwortet der Mann in beruhigendem Ton: *„Das Geld ist mir doch völlig wurscht, es ist der Konkurrenzkampf . . . . .“*

Stimmen Sie mit mir überein, daß bei dem Ton und bei der inhaltlichen Entkräftung des Vorwurfs die Registeranpassung als *„Du“ der Solidarität* verstanden wird, daß um Sympathie und Verständnis geworben wird? Unser Interpretationsmechanismus von der Register*einschätzung* über die Register*bewertung* bis zu der Register*interpretation* im Spiegel des Kontextes funktioniert also auch hier! Allerdings erregt die Registeranpassung – z. B. informelle Wendung in informeller Situation – weniger Aufmerksamkeit als der Registerbruch. Mit der Registeranpassung wird daher häufig auch keine zusätzliche Bedeutung vermittelt. Oft betont der Sprecher mit der Registeranpassung auch nur seine saloppe Haltung oder will das jeweilige Problem mit einem bildhaften informellen Redemittel verdeutlichen.

Signalisieren die informellen Wendungen aus dem Gespräch für Sie also zusätzliche Bedeutung? Kreuzen Sie an! Mehrfachnennungen sind möglich.

	Nein	Solidarität	Saloppheit	Verdeutlichung
großes Geld machen wollen	☐ ___	☐ ___	☐ ___	☐ ___
völlig wurscht sein	☐ ___	☐ ___	☐ ___	☐ ___
das Leben versauen	☐ ___	☐ ___	☐ ___	☐ ___
hochkommen, an das Studium rankommen, nicht unten bleiben	☐ ___	☐ ___	☐ ___	☐ ___

Ü 12 | •

* Hand auf's Herz

Wie stehen Sie zur Ehe? Kreuzen Sie an!

Fragebogen

- ◯ Ich fasse die Ehe auf als eine Institution, die jede echte Partnerschaft verhindert!
- ◯ Ich fasse die Ehe auf als eine Institution, die der Hausfrau bzw. dem Hausmann keine Chance zur Emanzipation und zur Selbstverwirklichung gibt!
- ◯ Ich fasse die Ehe auf als eine Institution, die ideale Möglichkeiten zur Partnerschaft und zur Kindererziehung bietet!
- ◯ Ich fasse die Ehe auf als eine Institution, die den Partnern Monogamie aufzwingt!

Ü 13

○ Sind Sie für oder gegen die Ehe?

● Ganz klar dafür: *Ich will Kinder haben!*
Dagegen: Ich bleibe lieber auf meinen eigenen Füßen stehen, *weil die Ehe jede Initiative erstickt!*

● ● ● ● ●

– Weil die Ehe die Monogamie zumindest nahe legt,	– Kinder brauchen doch Mutter und Vater!
– weil mir die Ehe zu teuer ist,	– Ich brauche einen echten Partner!
– weil die Ehe die Hausfrau bzw. den Hausmann drastisch benachteiligt,	– Ich brauche meine Bequemlichkeit!
– weil mir die Ehe zu langweilig und einseitig ist.	

Ü 14

ENTWEDER ODER[6]

So n Pech aber auch.
  Was issen passiert?
Ach, Mensch.
  Nu sag schon.
Dauernd ne Schwester gewünscht.
  Und? Bruder gekriegt?
Nee. Auto gekauft.

Wolfdietrich Schnurre

---

[6] Schnurre, a.a.O., S. 92.

Diskutieren Sie mit einigen deutschen Freunden – ganz informell – über den Dialog! Stützen Sie sich dabei auf die Redemittelstreifen! (Beginnen Sie mit der kursiven Sprechblase 1.)

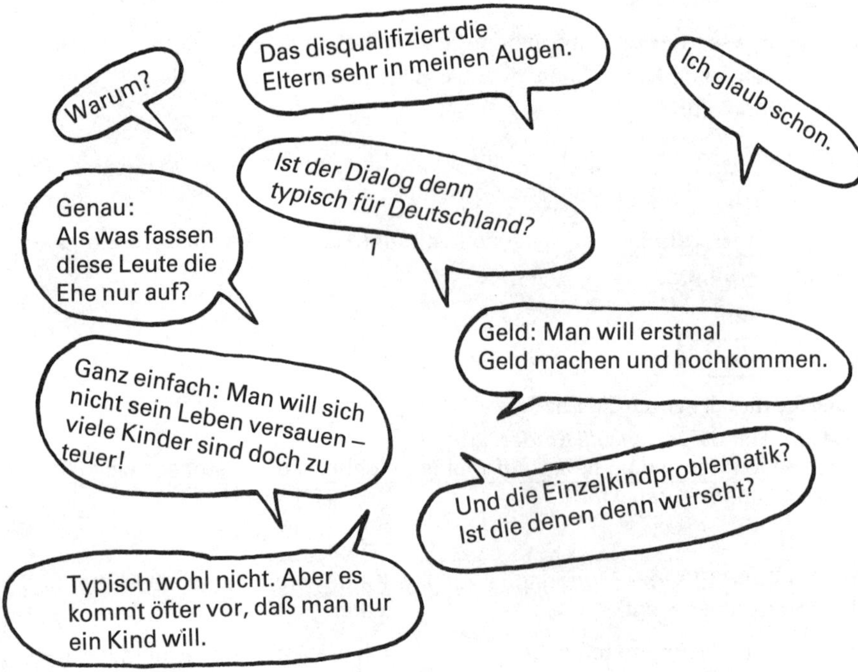

1.2 Erarbeitung der Lern- und Lehrtechniken des Unterrichtsmodells

Bei dem ,,Unterrichtsspiel" ist Ihnen sicher deutlich geworden, daß vor allem die Sprechfertigkeit meines ,,Wunschadressaten" verbessert werden soll – genauer: daß bestimmte noch nicht beherrschte Wendungen aktiviert werden sollen.

Daß der Lerner einen *Lernweg* zurücklegen muß, um von dem ,,Ist-Stand" zu dem gewünschten ,,Soll-Stand", dem Lernziel, zu gelangen, pfeifen die Spatzen von den Dächern: Ein Blick in die fachdidaktische Literatur zeigt, daß die Fachdidaktik diesen Lernweg in aufeinanderfolgende Phasen unterteilt – wie z. B. die *Einführungs-, Übungs-* und *Transferphase.* Dabei werden die Phasen allerdings unterschiedlich begrenzt, der Lernweg also uneinheitlich gegliedert, und vor allem werden die einzelnen Phasen unterschiedlich benannt.

Versuchen wir bei dieser schwierigen Ausgangslage zunächst einmal den Lernweg zu rekonstruieren – ohne uns auf exakte Termini oder eine begründete Phasengliederung einzulassen: welches ,,Netz" ist zwischen unserem Ausgangspunkt – dem Lerner, der bestimmte Wendungen nicht beherrscht – und unserem Zielpunkt – dem Lerner, der diese Wendungen aktiv beherrscht – ausgespannt worden? Überprüfen Sie das ausgespannte ,,Netz" aus der Perspektive der verschiedenen *Lernziele,* die in dem vorliegenden Stundenentwurf hintereinander gestellt werden. Ein Lernziel könnte z. B. sein, den ,,roten Faden" eines Textes verstehen zu können. Ordnen Sie jedem Lernziel die *Schüleraktivitäten* zu, mit denen das Ziel erreicht werden soll. Achten Sie bitte vor allem auf folgende Lernziele:

Erstes Verständnis des „roten Fadens" des Textes

Fähigkeit zum Erschließen von (registerspezifischen) Wendungen

Kenntnis der Problematik des Numerus clausus

Erste (noch fehlerhafte) Reproduktionsfähigkeit von bestimmten Wendungen (unter Mitberücksichtigung der Fähigkeit zum Einsatz von registerspezifischen Wendungen)

Flüssige Reproduktionsfähigkeit von bestimmten Wendungen (unter Mitberücksichtigung der Fähigkeit zum Einsatz von registerspezifischen Wendungen)

Verbesserung des Grobverständnisses

	Liste der Lernziele	Liste der Lerneraktivitäten
1.		
2.		
3.		
4.		

Sind Sie mit meiner Interpretation einverstanden?

Liste der Lernziele	Liste der Lerneraktivitäten
1. Kenntnis der Problematik des Numerus clausus, Interesse für dieses Thema	lernaktive – d. h. eigene Denkaktivitäten voraussetzende – Spiele: Briefspiel (van Tast), Assoziationsspiel (Ursachen für die Studierunlust)
2. Erstes Verständnis des roten Fadens des Textes	Hören und Sehen bzw. Lesen der Numerus-clausus-Diskussion
3. Verbesserung dieses Grobverständnisses	multiple-choice-Aufgabe
4. Fähigkeit zum Erschließen von registerspezifischen Wendungen	lernaktive Erarbeitung der entsprechenden Kommunikationsstrategie
5. Erste Reproduktionsfähigkeit von bestimmten Wendungen: Ü 3, 4, 5, 6, 7, 9, 12, 13. In den Ü 3, 5, 7, 9 unter Mitberücksichtigung der Fähigkeit zum Erschließen und zum Einsatz von registerspezifischen Wendungen	In den einzelnen Übungen werden jeweils ca. *eine* oder *zwei* „neue"[7] Wendungen ca. *vier-* bis *fünfmal* hintereinander wiederholt
6. Flüssige Reproduktionsfähigkeit von bestimmten Wendungen: Ü 8, 10, 11, 14. Jeweils unter Mitberücksichtigung der Fähigkeit zum Erschließen oder zum Einsatz von registerspezifischen Wendungen	In den einzelnen Übungen werden jeweils *mehrere* der „neuen"[7] und bereits unter 5. geübten Wendungen (ca. 6–8) noch *ein- bis zweimal* gemeinsam wiederholt

[7] *Neu* heißt, daß die Wendung in der Lektion – meist in dem Ausgangstext – zum ersten Mal eingeführt wird. Diese Wendungen werden dann in den Übungsphasen aktiviert.

Der Lernweg ist also streng organisiert – und zwar von der *motivierenden Vorbereitung auf den Text* über die *Textdarbietung* bis hin zu den *Aktivierungsübungen* von Wendungen aus dem Text. Deutlich ist, daß die hintereinander zu durchlaufenden Lernziele als Gliederungsmittel für die Lernwegaufteilung dienen. Wo sind aber sinnvolle Schnitte zu legen? Nach *jedem* Lernziel, oder sind besser einige Lernziele unter dem Dach *einer* Lernphase zusammenzufassen?

Zur Erinnerung: Unser Ausgangspunkt ist ein Lerner, der bestimmte Wendungen nicht beherrscht, und unser Zielpunkt die Aktivierung dieser Wendungen – gearbeitet wird dabei mit einem Ausgangstext, der die zu aktivierenden Wendungen enthält. Unter dieser Voraussetzung unterteilen wir den Lernweg in drei Abschnitte: Zu dem ersten Lernschritt zählen alle Lerneraktivitäten bzw. Lernziele, die der Text*einführung* und dem Text*verständnis* dienen, zu der zweiten Phase alle Aktivitäten, die die *erste Festigung* der Wendungen – mit Hilfe gehäufter Wiederholung – zum Ziel haben, und zu der dritten Phase alle Lerneraktivitäten, die mit dem *nochmaligen Überlernen* dieser Sprachmittel durch ihr gemeinsames ein- bis zweimaliges Wiederholen zu tun haben. Aus der Lernerperspektive verwenden wir für diese drei Lernschritte die Termini *Aufnahme-*, *Festigungs-* und *Anwendungsphase.*

Den drei Lernschritten liegen die wichtigsten Teillernziele zugrunde, die hintereinander abzuarbeiten sind, wenn der Lernprozeß möglichst motivierend, effektiv und ökonomisch verlaufen soll.

Diese drei Teillernziele lauten:

1. Fähigkeit zum *groben bzw. kursorischen Textverständnis*[8] sowie (teilweise) zum Verständnis der Bedeutungen der zu aktivierenden Wendungen (z. B. wird bei *das ist mir wurscht* die Grundbedeutung „das ist mir egal" sowie die Sekundärbedeutung „Solidarität" bzw. „Geringachtung" verstanden).
   Stichwort: Grobverständnis

2. Fähigkeit zum *ersten Einsatz* der zu erlernenden *Kommunikationsstrategien* (wie z. B. des Interpretationsmechanismus zur Erschließung registerspezifischen Materials);
   Fähigkeit zum Verständnis der Bedeutungen der *zu aktivierenden Wendungen* sowie zur – in der Regel noch nicht flüssig-fehlerfreien – Reproduktion.
   Stichwort: Erste Reproduktionsfähigkeit

3. Fähigkeit zum *spontanen Einsatz der Kommunikationsstrategien* sowie zur flüssigen und angemessenen Reproduktion der *zu aktivierenden Wendungen* einschließlich der Kenntnis ihrer semantischen Verwendbarkeit.
   Stichwort: Flüssige Reproduktionsfähigkeit

Daß diese Stufenleiter im Sinne unseres motivierten, nachhaltigen und schnellen Lernens zu dem gewünschten Erfolg führt, legen folgende linguistisch-lernpsychologische Überlegungen nahe. Die *Linguistik* hat besonders bei der Beschreibung gesprochener Sprache gezeigt, daß viele Wendungen weit lernschwieriger sind als ihre morpho-syntaktische Struktur vermuten läßt: Erinnert sei nur an die „Sekundärbedeu-

---

[8] Das kursorische Textverständnis ist hergestellt, wenn der Lerner den „roten Faden" des Textes verstanden hat.

tung" von informellen Wendungen, die mit der „Registereinschätzung, der Registerbewertung und der Registerinterpretation" (vgl. S. 20) zu erschließen ist. Wenn dann die *Lernpsychologie* dabei nahelegt, daß schwierige Lernstoffe in stufenweise zu erlernende Teilschwierigkeiten zu zerlegen sind und daß dann der Lernprozeß motivierender und effektiver verläuft, als wenn die letzte Lernstufe „auf einen Schlag" angesteuert wird, ist klar, daß unser Sprachlernprozeß unterteilt werden muß – z. B. in die Stufen: Verständnis der Grund- und Sekundärbedeutung / Erwerb einer ersten noch fehlerhaften Reproduktionsfähigkeit / Flüssige Reproduktionsfähigkeit.

Bestimmen Sie bitte in unserem Unterrichtsmodell die Übergänge von der Aufnahme- zur Festigungs- und von der Festigungs- zur Anwendungsphase! Verwenden Sie dabei bitte die auf S. 33 genannten drei Lernziele als Gliederungskriterien.

Übergang Aufnahme-/Festigungsphase:
Seite . . . . ., Zeile . . . . .

Übergang Festigungs-/Anwendungsphase:
Seite . . . . ., Zeile . . . . .

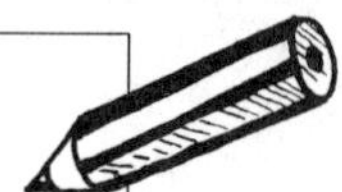

Bei der Herausarbeitung der *Lern- und Lehrtechniken,* die in den einzelnen Phasen/Lernschritten unseres Modells eingesetzt worden sind, gehen wir von den *konkreten Lerneraktivitäten* aus, wie z. B. von dem Brief-Spiel zu Beginn des Modells. Versuchen Sie bitte anschließend, die hinter diesen Aktivitäten stehenden *Lernziele* zu bestimmen: mit dem Brief-Spiel soll der Lerner beispielsweise für das Numerus-clausus-Thema motiviert werden und erste Kenntnisse über die Folgen des Numerus clausus erwerben. Versuchen Sie dann, die konkrete Lerneraktivität zu *verallgemeinern* und als allgemeine Lern- bzw. Lehrtechnik zu formulieren! In unserem Beispielfall handelt es sich um eine Motivationsstrategie, die auf der spielerisch-selbsttätigen und problematisierenden Einführung in Thema und Situation des Modelltextes basiert.

Notieren Sie Ihre Ergebnisse stichwortartig nach folgender Systematik:

Lerneraktivität	Lernziel(e)	Lern- bzw. Lehrtechnik
lernaktives Briefspiel	Interesse für das NC-Thema wecken, Kenntnisse über dieses Thema	Motivationsstrategien: – Problematisierung von Thema und Situation – spielerisch/selbsttätige Arbeitsform

Stützen Sie sich bei den Verallgemeinerungen bitte auf folgende Hilfen:

Strategien zur Verbesserung des Grobverständnisses, z. B. durch Multiple-choice-Fragen

Festigungsübungen mit gehäufter (circa fünfmaliger) Wiederholung von ein (oder zwei) „neuen" Wendungen

Motivationsstrategien, z. B. durch Problematisierung von Thema und Situation .....

Anwendungsübungen mit ein- (oder zweimaliger) gemeinsamer Wiederholung von mehreren „neuen" – und bereits gefestigten – Wendungen

Strategien zum Erschließen von Wendungen, z. B. von registerspezifischen Wendungen

Textdarbietungsstrategien, z. B. durch Videopräsentation/schriftliche Präsentation .....

Lösungsvorschlag für die Aufgabe auf S. 34

Lerneraktivität	Lernziel(e)	Lern- bzw. Lehrtechnik	Lernschritte
lernaktives Briefspiel: Ergänzung eines Briefes über die Schulsituation (S. 13)	Interesse für das NC-Thema wecken, Kenntnisse über dieses Thema	*Motivationsstrategien:* – Problematisierung von Thema und Situation des Ausgangstextes – spielerisch/selbsttätige Arbeitsform	Aufnahmephase
Assoziationsspiel: Benennung der Ursachen für die Studierunlust (S. 14)	Kenntnisse über den Studium-Praxis-Bezug, Motivation für dieses Thema	*Motivationsstrategien:* – Problematisierung von Thema und Situation des Ausgangstextes – spielerisch/selbsttätige Arbeitsform	
Interpretation von Schnurres Gedicht „Freundinnen" (S. 14 f.)	Kenntnisse über die Konsequenzen des schulischen Leistungsdrucks und des Numerus clausus, Motivation für dieses Thema	*Motivationsstrategien:* – Problematisierung von Thema und Situation des Ausgangstextes – Verwendung eines satirischen literarischen Textes	
Hören und Sehen bzw. Lesen der Numerus-clausus-Diskussion (S. 15 ff.)	kursorisches Textverständnis, (teilweise) Verständnis der Bedeutungen der zu aktivierenden Wendungen, Motivationserhöhung	*Textdarbietungsstrategie:* – entweder Videopräsentation – oder schriftliche Präsentation des transkribierten Textes	
Lösen einer Multiple-choice-Aufgabe (Ü 1)	Verbesserung des Grobverständnisses, Motivationserhöhung	*Strategie zur Verbesserung des Grobverständnisses* – Inhaltsfragen als Multiple-choice-Aufgabe	

Lerneraktivität	Lernziel(e)	Lern- bzw. Lehrtechnik	Lernschritte
lernaktive Erschließung der informellen Wendungen *„ich versau nicht mein Leben durch . . .“* und *„. . . ist mir völlig wurscht“* in formeller Situation (Ü 2)	Fähigkeit zum Erschließen von informellen Wendungen in formellen Situationen	*Strategie zum Erschließen von registerspezifischen Wendungen*	Aufnahmephase
Gehäufte Wiederholung der Wendungen *ich verderb' nicht mein Leben durch 'n schlechtes Abi, ich versau nicht mein Leben durch . . .* unter Ergänzung eigener Begründungen (Ü 3)	Reproduktion(sfähigkeit) dieser Wendungen	*Festigungsübung* mit gehäufter Wiederholung von zwei „neuen“ Wendungen	Festigungsphase
Gehäufte Wiederholung der Wendung *die Idee dieses Internats muß doch vorgebracht und verwirklicht werden* unter Ergänzung eigener Begründungen (Ü 4)	Reproduktion(sfähigkeit) dieser Wendung	*Festigungsübung*	
Gehäufte Wiederholung der Wendung *das ist mir völlig wurscht* unter Ergänzung eigener Begründungen und Berücksichtigung des Registerbruchs. Bewußtmachen der *Sprech*strategie zum Einsatz registerspezifischen Materials (Ü 5)	Reproduktion(sfähigkeit) dieser Wendung Fähigkeit zum Einsatz der Hör- und Sprechstrategien bei registerspezifischem Material	*Festigungsübung*	

Lerneraktivität	Lernziel(e)	Lern- bzw. Lehrtechnik	Lern-schritte
Gehäufte Wiederholung der Wendungen *da disqualifizieren Sie sich von vornherein* und *das ist mir völlig wurscht* unter Ergänzung eigener Begründungen (Ü 6)	Reproduktion(sfähigkeit) dieser Wendungen	*Festigungsübung*	Festigungsphase
Gehäufte Wiederholung der Wendungen *schnell an das Studium rankommen* und *Geld machen* unter Ergänzung eigener Begründungen und Berücksichtigung des Registerbruchs (Ü 7)	Reproduktion(sfähigkeit) dieser Wendungen Fähigkeit zum Einsatz der Hör- und Sprechstrategien bei registerspezifischem Material	*Festigungsübung*	
Die bereits gefestigten Wendungen – *sich nicht sein Leben versauen durch,* – *eine Idee verwirklichen,* – *das ist mir völlig wurscht,* – *sich disqualifizieren,* – *an das Studium rankommen und Geld machen* werden noch einmal gemeinsam ein- bis zweimal wiederholt (Ü 8)	Flüssige und angemessene Reproduktion der Wendungen unter Berücksichtigung der Strategien zum Erschließen und zum Einsatz registerspezifischen Materials	*Anwendungsübung* mit ein- bis zweimaliger gemeinsamer Wiederholung von mehreren „neuen" und bereits gefestigten Wendungen	

Lerneraktivität	Lernziel(e)	Lern- bzw. Lehrtechnik	Lern-schritte
Gehäufte Wiederholung der Wendungen *ich will hochkommen, ich will nicht da unten bleiben* unter Ergänzung eigener Begründungen und Berücksichtigung des Registerbruchs (Ü 9)	Reproduktion(sfähigkeit) dieser Wendungen unter Berücksichtigung der Strategien zum Erschließen registerspezifischen Materials	*Festigungsübung*	Festigungsphase
Die bereits gefestigten Wendungen – *eine Idee vorbringen und verwirklichen* – *sich disqualifizieren,* – *wurscht/egal sein,* – *hochkommen wollen,* – *Geld machen wollen,* – *sich das Leben verderben,* – *das Leben auffassen als,* werden noch einmal gemeinsam ein- bis zweimal wiederholt (Ü 10)	Flüssige und angemessene Reproduktion der Wendungen	*Anwendungsübung*	Anwendungsphase

Lerneraktivität	Lernziel(e)	Lern- bzw. Lehrtechnik	Lern-schritte
Die bereits gefestigten Wendungen – *Geld machen,* – *das ist mir völlig wurscht,* – *sich X durch Y versauen,* – *hochkommen,* – *an das Studium rankommen,* – *nicht hier unten bleiben,* – *sich disqualifizieren,* werden noch einmal gemeinsam ein- bis zweimal wiederholt. Lernaktive Erschließung der Sekundärbedeutung von informellen Wendungen in *in*formeller Situation (Ü 11)	Flüssige und angemessene Reproduktion der Wendungen unter Mitberücksichtigung der Strategien zum Erschließen und zum Einsatz registerspezifischen Materials (hier: „Registeranpassung“)	*Anwendungsübung*	Anwendungsphase
Gehäufte Wiederholung der Wendung *Ich fasse die Ehe auf als . . .* unter Ergänzung eigener Begründungen (Ü 12)	Reproduktion(sfähigkeit) der Wendung	*Festigungsübung*	
Gehäufte Wiederholung der Wendung *auf seinen eigenen Füßen stehen bleiben* unter Ergänzung eigener Begründungen (Ü 13)	Reproduktion(sfähigkeit) der Wendung	*Festigungsübung*	

Lerneraktivität	Lernziel(e)	Lern- bzw. Lehrtechnik	Lern-schritte
Die bereits gefestigten Wendungen – *hochkommen,* – *Geld machen,* – *sich nicht sein Leben versaun durch . . . . .,* – *wurscht sein,* – *sich disqualifizieren,* – *die Ehe auffassen als . . .* werden noch einmal gemeinsam ein- bis zweimal wiederholt (Ü 14)	Flüssige und angemessene Reproduktion der Wendungen	*Anwendungsübung*	Anwendungsphase

Das folgende Schema faßt den Lernschrittzyklus mit den verwendeten Lern- und Lehrtechniken noch einmal zusammen:

Lernschrittzyklus des Unterrichtsmodells zum Hör- und Sprechfertigkeitstraining

Lernschritte	Lern- und Lehrtechniken
Aufnahmephase	– Motivationsstrategien – Textdarbietungsstrategien – Strategien zur Verbesserung des Grobverständnisses – Strategien zum Erschließen von (registerspezifischen) Wendungen
Festigungsphase	– Überwiegen von *Festigungsübungen* mit gehäufter Wiederholung von ein (oder zwei) „neuen" Wendungen – gegebenenfalls unter Mitberücksichtigung der Hör- und Sprechstrategien zum Erschließen und zum Einsatz registerspezifischen Materials
Anwendungsphase	– Überwiegen von *Anwendungsübungen* mit ein- bis zweifacher gemeinsamer Wiederholung von mehreren „neuen" und bereits gefestigten Wendungen – gegebenenfalls unter Mitberücksichtigung der Hör- und Sprechstrategien zum Erschließen und zum Einsatz registerspezifischen Materials – Strategien zur Reflexion der Lernwegorganisation

Mit den Strategien zur Reflexion der Lernwegorganisation ist unsere Erarbeitung der Lernschritte und Lerntechniken gemeint, wird also der Rahmen des Unterrichtsmodells gesprengt. In verkürzter Form kann aber der Lernweg – in oder nach jeder Unterrichtseinheit – mit den Schülern nachgezeichnet werden.[9]

Die gestrichelten Linien zwischen den einzelnen Lernschritten deuten bereits an, daß diese Phasen nicht als hermetisch geschlossene und isolierte Blöcke zu verstehen sind, sondern als Schritte mit schwerpunktmäßiger Bündelung bestimmter Lernaktivitäten bzw. Lernziele. Eine Schwerpunktbildung, die im Horizont unseres bereits angedeuteten linguistisch-lernpsychologischen Bezugsrahmens motiviertes, nachhaltiges und

[9] Vgl. dazu *Kontakte Deutsch,* Lehrbuch 1, Lektion 15, Ü 7 und Lehrbuch 2, Lektion 10, Ü 6, Jakarta 1982 ff.

schnelles Lernen ermöglicht. Das bedeutet aber auch, daß im Rahmen dieser Schwerpunktbildung grundsätzlich *jede* Unterrichtsstrategie an *jeder* Stelle des Lernprozesses auftauchen kann – sofern dadurch der Lernprozeß motivierender, nachhaltiger und schneller gemacht werden kann. Wenn Sie z. B. mit Hilfe geschickter Motivationsstrategien den Lerner zu Beginn der Aufnahmephase wirklich „gepackt" haben und der Funke übergesprungen ist, können Sie natürlich die Aufnahmebereitschaft der Lerner ausnutzen und bereits hier mit Hilfe von Festigungsübungen einige Lerneinheiten üben.

Bei dem Stellenwert der *Übungen* ist es sinnvoll, unsere ersten induktiven Ergebnisse weiter zu vertiefen und zu systematisieren: Beim Überfliegen unserer tabellarischen Stundenauswertung springt sofort ins Auge, daß aus der Perspektive, *wieviel* „neue" Wendungen *wie oft* in einer Übung wiederholt werden – also aus der Perspektive der Zahl der Wendungen und des Wiederholungsmodus –, zwei Sprechfertigkeits-Übungsklassen zu unterscheiden sind: Die *Festigungsübung* mit gehäufter Wiederholung einer oder weniger „neuer" Wendungen und die *Anwendungsübung* mit ein- bis zweifacher gemeinsamer Wiederholung von mehreren „neuen" und bereits gefestigten Wendungen.

Diese Übungsklassifikation ist aus der Perspektive der Wendungen, der Redemittel, aufgestellt worden. Berücksichtigt man die Kommunikationsstrategien mit, tritt als weiteres Unterscheidungsmerkmal zwischen Festigungs- und Anwendungsübungen die visuell-verbale Bewußtmachung dieser Strategien in der Festigungsphase hinzu. Lernziel der Festigungsübungen ist dabei die *Weiterlernkompetenz,* die erste – noch nicht fehlerfreie – Reproduktionsfähigkeit, und Lernziel der Anwendungsübungen ist die *Zielkompetenz,* die flüssige Reproduktionsfähigkeit.

Nach dieser Definition der Übungsklassen und der Zuordnung der Lernziele bleibt die Frage, für welche *Lernstoffe* und für welche *Lerner* diese Klassen geeignet sind und vor allem: in welchen *Übungstypen* sich diese Klassen konkretisieren können.

Unser Unterrichtsmodell macht deutlich, daß die Festigungsübungen dem ersten Üben schwieriger Lernstoffe dienen und daß diese Lernstoffe dann noch einmal mit Hilfe der Anwendungsübungen überlernt werden. Darüber hinaus können die Anwendungsübungen auch zur ersten Einführung leichterer Lernstoffe verwendet werden.

Je nach dem Grad der Lerneraktivität, d. h. je nach dem Ausmaß der den Übungsprozeß begleitenden schöpferischen Denkaktivitäten des Lerners wie „urteilen, auswählen oder begründen", setzen die Übungen Lerner mit unterschiedlichen Voraussetzungen voraus:

So sind z. B. Übungen mit hoher Lerneraktivität besonders für Lerner mit guten Sprachkenntnissen, ausreichender Motivation und einer entsprechenden Lerntradition geeignet bzw. müssen Lerner ohne diese Bedingungen vorsichtig an die lernaktiven Übungen herangeführt werden.

Im Rahmen der *Übungstypologie* geht es um die Frage, in welchen verschiedenen Übungstypen sich die erarbeiteten Übungsklassen konkretisieren können. Gehen Sie den Stundenentwurf noch einmal durch, und klassifizieren Sie die Übungen 3–14 nach dem Wiederholungsmodus und der Zahl der „neuen" Wendungen in *Festigungs-* und *Anwendungsübungen.* Unterscheiden Sie dann im Rahmen dieser Klassen die verschiedenen Übungstypen nach den *sprachlichen Veränderungen,* die der Lerner in seiner Response an dem gegebenen Stimulus vorzunehmen hat. Stützen Sie sich dabei auf folgende Beispiele[10]:

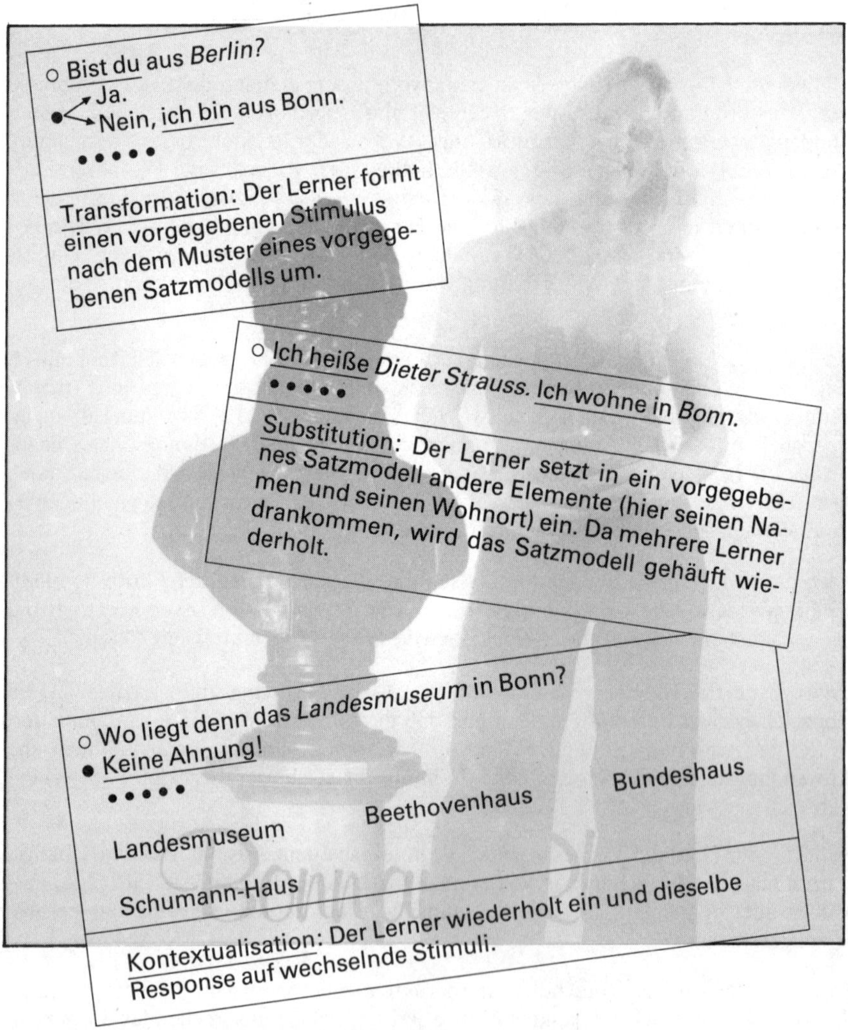

---

[10] Kommentar zu den Beispielen:
Die Unterstreichung hebt die „neue" zu aktivierende Wendung heraus. Der *Kursivdruck* zeigt die Austauschelemente an. • • • • • bedeutet, daß die Übung mindestens fünf- bis siebenmal durchzuführen ist!

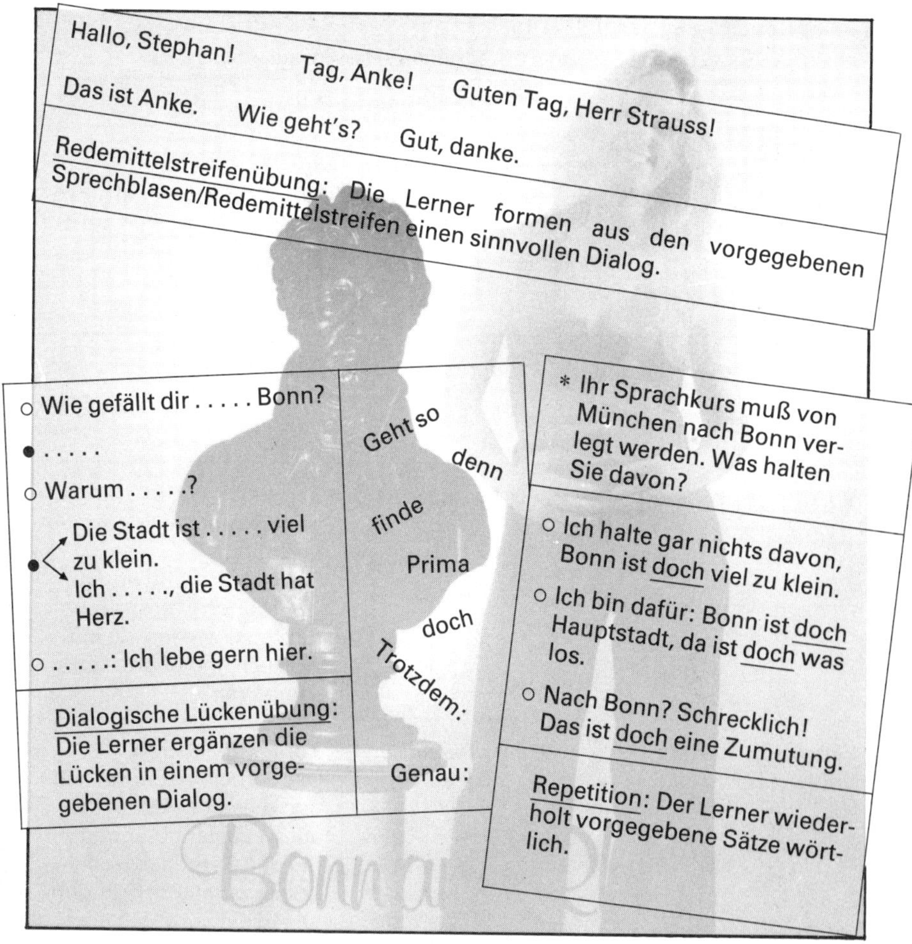

Tragen Sie Ihre Klassifizierungs-Vorschläge für die Übungen 3–14 (S. 20 ff.) in die Tabelle ein!

Lernstoff (an Wendungen)	Übungsklasse	Übungstyp
Beispiel: Ü 3 Sich nicht sein Leben verderben/versaun durch	Festigungsübung	Substitution

Lösung (für die Aufgabe auf S. 44 f.)

Tabelle der verwendeten Sprechfertigkeitsübungsklassen und -übungstypen

Lernstoff (an Wendungen)	Übungsklasse	Übungstyp
sich nicht sein Leben verderben/versaun durch (Ü 3)	*Festigungsübung*	*Substitution* (Ergänzungsübung): Der Lerner setzt selbst zu bestimmende Elemente in ein vorgegebenes Satzmodell ein.
eine Idee vorbringen und verwirklichen (Ü 4)	*Festigungsübung*	*Substitution*
völlig wurscht sein (Ü 5)	*Festigungsübung*	*Repetition* (Wiederholungsübung) als Kommentarübung: Der Lerner wählt aus vorgegebenen Sätzen einen Satz aus, wiederholt ihn wörtlich und begründet seine Wahl.
sich disqualifizieren, völlig wurscht sein (Ü 6)	*Festigungsübung*	*Kontextualisation:* Der Lerner wiederholt ein und dieselbe Response auf wechselnde Stimuli. Bei den Stimuli setzt der Lerner eigene Begründungen in ein vorgegebenes Satzmodell ein.
schnell an das Studium rankommen und Geld machen (Ü 7)	*Festigungsübung*	*Substitution*
sich nicht sein Leben versaun durch, eine Idee verwirklichen, völlig wurscht sein, sich disqualifizieren, an das Studium rankommen und Geld machen (Ü 8)	*Anwendungsübung*	*Dialogische Lückenübung:* Die Lerner ergänzen die Lücken in einem vorgegebenen Dialog.

Lernstoff (an Wendungen)	Übungsklasse	Übungstyp
hochkommen und nicht da unten bleiben wollen (Ü 9)	*Festigungsübung*	*Repetition* als Kommentarübung
eine Idee vorbringen/verwirklichen, sich disqualifizieren, wurscht/egal sein, hochkommen wollen, Geld machen wollen, sich das Leben verderben, das Leben auffassen als (Ü 10)	*Anwendungsübung*	*Dialogische Lückenübung*
Geld machen, wurscht sein, sich X durch Y versaun, hochkommen, an das Studium rankommen, nicht unten bleiben, sich disqualifizieren (Ü 11)	*Anwendungsübung*	*Dialogische Lückenübung*
die Ehe auffassen als (Ü 12)	*Festigungsübung*	*Repetition* als Kommentarübung
auf seinen eigenen Füßen stehen bleiben (Ü 13)	*Festigungsübung*	*Transformation* (Umformungsübung): Der Lerner formt einen vorgegebenen Stimulus nach dem Muster eines vorgegebenen Satzmodells um.
hochkommen, Geld machen, sich nicht sein Leben versaun durch, wurscht sein, sich disqualifizieren, die Ehe auffassen als . . . (Ü 14)	*Anwendungsübung*	*Redemittelstreifen-Übung:* Die Lerner formen aus den vorgegebenen Sprechblasen einen sinnvollen Dialog.

Nach der Definition der *Übungsklassen* und *Übungstypen* soll mit der Beantwortung der Fragen aus der Tabelle auf S. 50 ff. die sämtlichen Übungen zugrundeliegende *Grundstruktur* herausgearbeitet werden. Gehen Sie bitte noch einmal die Festigungsübung 5 aus dem Unterrichtsmodell durch, und versuchen Sie anschließend die Fragen zu beantworten. Bitte decken Sie zunächst die rechte Seite der Tabelle, die die Lösung enthält, ab!

Übung 5 des Unterrichtsentwurfs

Ü 5	•

* Kein Wunder, daß Jürgen sofort auf seine Kritiker in aggressivem Ton reagiert:

o Das ist mir völlig wurscht, ob damit Unterdrückung und Ausbeutung unterstützt werden.

o Völlig wurscht ist mir übrigens auch, ob damit die Schule noch inhumaner wird. Mir geht's nur um mich und meine Ziele.

o Was hatten wir noch? – Ja richtig:
Ob damit jede Kollegialität auf der Strecke bleibt, das ist mir auch völlig wurscht: Letzten Endes sind ja doch alle Egoisten.

* „Du" der Solidarität oder „Du" der Geringachtung?
Wie verstehen Sie Jürgens Beitrag?

Bei der inhaltlichen Zurückweisung der Kritiker und bei dem aggressiven Ton ist völlig klar: das informelle Register anstelle des formellen soll die Kritiker herabsetzen. Es ist das Register der Geringachtung.

Doch versetzen wir uns in die Lage des Sprechers und versuchen wir, vor dem Hintergrund unseres HV-Interpretationsmechanismus die Sprecherstrategie zu rekonstruieren:

1. ____________ > 2. ____________ > 3. ____________

1. *Festlegung der Sprechabsichten* Hier: – Ausdruck der Gleichgültigkeit – Ausdruck der Geringachtung	2. *Situationseinschätzung* Hier als formell (Fernsehkonferenzschaltung)	3. *Registerwahl im Spiegel des Kontextes* Hier eines informellen Registers = Registerbruch zum Ausdruck der Geringachtung

Voraussetzung dieser Strategie ist der funktionierende HV-Interpretationsmechanismus. Zusammenfassend läßt sich das Zusammenspiel beider Strategien folgendermaßen darstellen:

SF-Perspektive	1. Festlegung der *Sprechabsichten* >	2. *Situationseinschätzung* >	3. *Registerwahl*
HV-Perspektive	6. Register-*interpretation*	< 5. Register-*bewertung*	< 4. Register-*einschätzung*

Noch einmal zu dem *Inhalt von Jürgens Reaktion.* Welche der drei Stellungnahmen erschreckt Sie am meisten? Wie sieht Ihre Wahl aus? Wiederholen Sie bitte Jürgens Formulierung und begründen Sie Ihr Votum!

Tabelle zur Übungsgrundstruktur

	Fragen zu den Strukturmerkmalen	Strukturmerkmale
1.	Wird der Lerner mit zu viel „neuen" Lernstoffen – z. B. mit mehreren schwierigen Wendungen – überfordert oder wird der Lernstoff begrenzt?	*Lernstoffbegrenzung:* d. h., daß Schwierigkeitshäufungen und damit Überforderungen vermieden werden („neu" ist nur die Wendung *das ist mir völlig wurscht* sowie die Sprechstrategie zum Einsatz von informellen Wendungen in formeller Situation).
2.	Mit Hilfe welcher situativer Faktoren wie z. B. des Partnerbezugs ist die Kommunikationssituation (= Ko Si) charakterisiert? Unterscheiden Sie dabei als *primäre Ko Si* Ihre eigene Lernsituation – hier Ihre Lesesituation – und als *sekundäre Ko Si* die simulierte außerunterrichtliche Ko Si, hier die „gespielte" Fernsehkonferenzschaltung.	*Charakterisierung der sekundären Ko Si durch* – den *Partnerbezug* (Jürgen – seine Mitschüler, das Fernsehteam sowie Sie und ich), – den *Öffentlichkeitsgrad* (Fernsehkonferenzschaltung, also öffentlich, denn jeder kann zuhören), – den *Kontext* (die Übung steht nicht isoliert, sondern bezieht sich auf die vorhergehenden Sprecherbeiträge), – die *Registerzugehörigkeit* (daß mit „das ist mir wurscht" ein informelles Register vorliegt, ist den Lernern bekannt bzw. muß ihnen mitgeteilt werden). *Charakterisierung der primären Ko Si* (S. 22 ab Zeile 18) durch – den *Partnerbezug* (Sie – ich als Autor), – den *Öffentlichkeitsgrad* (öffentlich, jeder kann das Buch lesen), – das *Thema* (Reflexion über die sekundäre Ko Si).

[11] Ausgegangen wird von einem erweiterten Grammatikbegriff, der neben der Morphosyntax auch kommunikationsstrategische Regeln mitumfaßt, wie z. B. Hör- und Sprechstrategien zur Interpretation und zum Einsatz von informellen Wendungen in neutralen bis formellen Situationen.

	Fragen zu den Strukturmerkmalen	Strukturmerkmale
3.	Wie oft wird die zu aktivierende Wendung wiederholt? – circa vier- bis zehnmal? – circa ein- bis zweimal? Wie oft wird die Sprechstrategie zum Einsatz informeller Wendungen in formellen Situationen wiederholt?	*Wiederholungsmodus:* gehäufte Wiederholung (circa 6–10mal) der Wendung und zweimalige Wiederholung der Sprechstrategie.
4.	Handelt es sich um eine mechanische oder lernaktive Übung, d. h. muß der Lerner nur einen vorgegebenen Satz unverändert wiederholen, oder muß er z. B. selbständig aus vorgegebenen Sätzen einen Satz auswählen und seine Wahl begründen?	*Lernaktive Übung:* (Begründete Auswahl einer der Reaktionen Jürgens, selbständiges Erschließen der situativen Bedeutung und der Sprechstrategie).
5.	Wird die Lerneridentität gewahrt oder werden akzeptable Rollen angeboten?	Wahrung der *Lerneridentität:* (Sie sprechen als Sie selbst).
6.	Ist die Übung in dem Sinn sprechüblich, daß es sich um frequente standardsprachliche Wendungen und Kommunikationsstrategien handelt?	Wahrung der *Sprechüblichkeit:* (gebräuchliche informelle standardsprachliche Wendung sowie gebräuchliche standardsprachliche Kommunikationsstrategien).
7.	Mit Hilfe welcher Strategien zur grammatischen Bewußtmachung[11] werden die situative Bedeutung von *das ist mir wurscht* sowie die Sprechstrategien erklärt?	*Prinzipien der didaktischen Grammatik*[11] wie z. B.: – *didaktischer Ort:* Übungsphase, – *Darstellungstechnik:* überwiegend Visualisierung mit Hilfe von Modellschemata.
8.	Ist die Übung in eine Übungsreihe mit gemeinsamer Situation und gemeinsamem Thema eingebettet?	Wahrung eines *übergreifenden Situationsdachs:* (im Rahmen der Fernsehkonferenzschaltung wird die Hahn'sche Erziehungsidee und die NC-Problematik über mehrere Übungen diskutiert).

Diese Übungsmerkmale gelten für sämtliche *Festigungs*übungstypen! Gehen Sie bitte die *Anwendungs*übungen des Unterrichtsmodells noch einmal durch, und kreuzen Sie in der folgenden Tabelle an, in welchen Strukturmerkmalen sich die Anwendungsübungen von den Festigungsübungen unterscheiden. Notieren Sie jeweils kurz die Hauptunterschiede. Berücksichtigen Sie dabei insbesondere mit, daß in den Anwendungsübungen die „neuen" Wendungen bereits gefestigt sind!

Strukturmerkmal	Kommentar
○ Lernstoffbegrenzung	
○ Situationsbeschreibung	
○ Wiederholungsmodus	
○ Lerneraktivität	
○ Lerneridentität	
○ Sprechüblichkeit	
○ Grammatische Bewußtmachung	
○ Übungsreihe	

Lösungsvorschlag

	Strukturmerkmal	Kommentar
⊗	Lernstoffbegrenzung	Es werden jetzt mehrere bereits gefestigte Wendungen gemeinsam wiederholt.
○	Situationsbeschreibung	
⊗	Wiederholungsmodus	Die Wendungen werden nicht mehr gehäuft, sondern nur noch ein- bis zweimal wiederholt.
○	Lerneraktivität	
○	Lerneridentität	
○	Sprechüblichkeit	
⊗	Grammatsche Bewußtmachung	In der Regel erfolgt die grammatische Bewußtmachung bereits in der Festigungsphase.[12]
⊗	Übungsreihe	Da die Anwendungsübungen in der Regel umfangreicher als die Festigungen sind, ist die Reihenbildung nicht zwingend notwendig.

[12] Näheres vgl. S. 148 ff.

1.3 Raster für Hör- und Sprechfertigkeitsstundenentwürfe

Dieses Raster, das über unseren Stundenentwurf hinausgehende Lehr- und Lerntechniken enthält, ist grundsätzlich als *offene Liste* zu verstehen: *offen in dem Sinn,* daß weitere vor unserem lernpsychologisch-linguistischen Bezugsrahmen begründbare Lehr- und Lerntechniken hinzutreten können, ja sogar ergänzt bzw. entwickelt werden sollen, sowie offen in dem Sinn, daß die Gewichtung der einzelnen Raster-Faktoren jeweils nach dem Lernertyp – und d. h. vor allem nach seinem Gedächtnis und Alter, nach seiner Ausbildung, Sprachlerneignung und Motivation – festzulegen ist und daß damit mit diesem didaktischen Konzept verschiedenste Lernertypen angesprochen werden können. Bei den Stundenvorbereitungen für eine geschlossene Gruppe von Vatikan-Theologen beispielsweise nehmen die kognitiven und lernaktiven Strategien einen höheren Stellenwert ein als in einem Kinderkurs, in dem das spielerische Element stärker vertreten ist.

Dieses Didaktisierungsraster darf damit nicht als fertige „Rezeptvorlage" mißverstanden werden. *Zweck des Didaktisierungsrasters* ist, Studenten und Lehrern als Gedächtnisstütze bei ihren Stundenvorbereitungen zu helfen und durch Zusammenfassung wichtiger Unterrichtsstrategien Entscheidungshilfe bei der Auswahl geeigneter Lehr- und Lerntechniken zu leisten – z. B. bei der Vorbereitung der Motivationsphase, für die die Lehrbücher in der Regel keine Vorschläge machen.

Die eigentliche Auswahl und die Gewichtung der aus unserem linguistisch-lernpsychologischen Bezugsrahmen abgeleiteten Strategien erfolgt dann im Horizont der skizzierten *Lernervoraussetzungen* und daneben auch des zu behandelnden *Lernstoffs.* Bei dem Lernstoff in dem Sinn, daß sich nicht jeder Stoff für jede Unterrichtsstrategie eignet, z. B. gibt es viele Lernstoffe, die sich nicht zur Übertragung auf die Situation des Lehrers oder Schülers eignen. Damit fallen dann die entsprechenden Motivationsstrategien aus.

Ausgangspunkt des folgenden Rasters ist die Arbeit mit einem *Ausgangstext,* der die zu behandelnden lernerrelevanten Wendungen und Kommunikationsstrategien beinhaltet.

Aus Gründen der Übersichtlichkeit zählt das Raster nicht sämtliche Lerntechniken auf, werden die Techniken nicht begründet und wird das Raster stichwortartig abgefaßt.

Raster für HV[13]- und SF[14]-Stundenentwürfe

A) Aufnahmephase

I. Teillernziele

1. *Motivation* des Lerners
2. *Grobverständnis* des Textes
3. (Teilweise) Verständnis der *Grund-* und *Sekundärbedeutungen* der zu aktivierenden Wendungen.

II. Lern- und Lehrtechniken

1. Motivationsstrategien

a) *Situativ-thematisch* orientierte Strategien
- *Einführung in Thema und Situation
- *Problematisierung von Thema und Situation
- Übertragung von Thema und Situation auf den Lerner
- Übertragung von Thema und Situation auf den Lehrer

b) An den *Sozial- und Arbeitsformen* sowie *Arbeitsmitteln* orientierte Strategien
- Plenararbeit
- Gruppenarbeit
- Partnerarbeit
- *Individualarbeit
- *nach dem Prinzip der Selbsttätigkeit
- *unter Verwendung von Spielformen
- *unter Verwendung von witzigen bis satirischen Kurztexten

c) *Lernzielorientierte* Strategien
- Lernzielvorgabe unter Berücksichtigung der Lernermitbestimmung

d) *Schlüsselwort-orientierte* Strategien
- Vorgabe der nicht erschließbaren Schlüsselwörter

2. Textdarbietungsstrategien

a) *Tonband*präsentation
b) **Video*präsentation
c) *Lehrer*vortrag
d) *Individuelle Lektüre*

* bedeutet: Diese Techniken sind in unserem Entwurf verwendet worden.

---

[13] HV = Hörverständnis
[14] SF = Sprechfertigkeit

3. Strategien zur Verbesserung des Grobverständnisses

a) *Inhaltsfragen*
- vom Lehrer
- vom Lerner
- *als Multiple-choice-Aufgabe

b) *Zwischentitel*
- Neuordnung von in ihrer Reihenfolge vertauschten Zwischentiteln

c) *Zusammenfassungen*
- durch den Lerner/Lehrer
- Vergleich von einer richtigen und einer falschen Zusammenfassung

d) *Lehr- und Lerngespräch*
- Lehr- und Lerngespräch über die Inhaltsproblematik

e) *Zuordnung Bild/Text*
- Neuordnung von in ihrer Reihenfolge vertauschten Bildern und Textstellen aus der Lektion

f) *Tabelleneintrag*
- Ergänzung einer Tabelle mit Informationen aus dem Text

4. Strategien zur Erschließung von Einzelwörtern oder Wortketten

a) *Strategien zur *Erschließung von registerspezifischem Material*

b) *Erschließung aus dem Kontext* / mit Hilfe der
- Synonyme[15]
- Antonyme[16]
- Paraphrasen[17]
- Deskriptionen[18]
- Wortbildung[19]

---

[15] *Synonyme* sind bedeutungsgleiche bzw. bedeutungsähnliche Wörter wie z. B. „Freude" und „Vergnügen".
[16] *Antonyme* sind Wörter mit entgegengesetzter Bedeutung wie z. B. „Feuer" und „Wasser".
[17] Unter *Paraphrase* versteht man die Umschreibung eines Wortes mit mehreren anderen Wörtern.
[18] Unter *Deskription* verstehe ich die Umschreibung eines Wortes mit mehreren anderen Wörtern, die im Gegensatz zu Synonymen bzw. Paraphrasen nicht anstelle des umschriebenen Wortes in den Originaltext einsetzbar sind.
[19] Näheres vgl. in dem Abschnitt zum Leseverstehen, S. 71 ff.

B) Festigungsphase

I. Teillernziele

1. Erster Einsatz der zu erlernenden *Kommunikationsstrategien.*
2. *Verständnis der Bedeutungen* der zu aktivierenden Wendungen.
3. *Erste Reproduktionsfähigkeit* dieser Wendungen.

II. Lern- und Lehrtechniken, hier: Übungstypologie

1. **Repetitionen* (S. 22, Ü 5)
2. **Substitutionen* (S. 20, Ü 3)
3. **Transformationen* (S. 29, Ü 13)
4. **Kontextualisationen* (S. 23, Ü 6)

C) Anwendungsphase

I. Teillernziele

1. Spontaner Einsatz der *Kommunikationsstrategien.*
2. *Flüssige* und *angemessene Reproduktionsfähigkeit* der zu aktivierenden Wendungen.

II. Lern- und Lehrtechniken, hier: Übungstypologie

1. **Dialogische Lückenübung* (S. 24, Ü 8)
2. *Monologische Lückenübung* (S. 113, Ü 24, 1. Teil)
3. **Redemittelstreifenübung* (S. 29 f., Ü 14)
4. *Paraphrasenübung* (S. 126, Ü 9)
   Unterstrichene Wendungen aus einem Text sind zu paraphrasieren.
5. *Erkennungsübung* (S. 129, Ü 12)
   Bestimmte Wendungen sind aus einem vorgegebenen Text in eine Tabelle einzutragen.
6. *Wer sagt was?*
   Aus Sprechblasen, die vorgegebenen Sprechern zugeordnet werden, wird ein sinnvoller Dialog geformt.
7. *Was gehört zusammen?*
   Vorgegebene Sätze werden sinnvoll einander zugeordnet.
8. *Sprechintentionsstreifen* (S. 127, Ü 10)
   Aus vorgegebenen Sprechintentionen wird ein sinnvoller Text geformt.
9. *Rollenkartenübung* (S. 130, Ü 13)
   Mit Hilfe von vorgegebenen Rollenkarten wird ein Dialog geführt.

Abschließender Kommentar

Das Raster zeigt, daß streng organisierte und vorausgeplante Abschnitte – wie z. B. die Festigungsübungen bzw. bestimmte Anwendungsübungen – immer wieder mit weniger stark organisierten Phasen abwechseln – wie z. B. der Motivationsphase und den Lehr-Lern-Gesprächen, die in alle drei Hauptphasen eingeschoben werden können. Entscheidend ist, daß die einzelnen Lernschritte *nicht* als hermetisch geschlossene und isolierte Blöcke mißverstanden werden, daß stark und weniger stark organisierte Phasen abwechseln und daß der Lerner sich immer als er selbst – oder doch zumindest in adäquaten Rollen – aus seinem Erfahrungshorizont äußern kann.

Ab und zu sollte nach Abschluß der Anwendungsphase der Lernweg reflektiert werden, damit der Lerner nicht nur die wenigen Kommunikationsstrategien und Wendungen aus dem Kontaktunterricht erlernt, sondern *sprachlernfähig* und damit *weiterlernfähig* wird, und dazu gehören didaktische und methodische Grundkenntnisse.

2 Didaktische Überlegungen am Beispiel des Hör- und Sprechfertigkeitsunterrichts

2.1 Hör- und Sprechfertigkeitslernziele

Das Raster zur Methodik läßt einen wichtigen Aspekt außer acht: den Bereich der *Lernstoff-Auswahl* und *-anordnung*. Daneben müssen auch unsere *Lernziel-Definitionen* weiter ausgebaut werden. Unterrichtsvorbereitung umfaßt also zwei Seiten, den didaktischen Teil der Lernziel- und Lernstoffbestimmung sowie den methodischen Teil der Lernwegorganisation. Kurzum, es geht bei der Unterrichtsvorbereitung nicht nur darum, *wie* man Lernstoffe anbietet (Methode), sondern auch um das *was*, um die Lernziel- und Lernstoffbestimmung (Didaktik)! Dabei wird der Schüler nicht als Lernobjekt begriffen, als „Gefäß", das durch „Tricks" mit Lernstoff aufgefüllt wird, sondern als Lern*subjekt*, dessen jeweilige Voraussetzungen – wie sein Alter, sein Gedächtnis, seine Ausbildung oder seine Motivation – die didaktischen und methodischen Überlegungen entscheidend mitbestimmen.

Im Rahmen der Didaktik wollen wir uns zunächst mit den *Lernzielen*, dann mit den Problemen der *Textauswahl* und der *Lernstoffbestimmung in Texten* beschäftigen. Ein besonders wichtiger Punkt, da ja in der Regel nicht sämtliche Kommunikationsstrategien und Wendungen eines Textes für unsere Lerner relevant sind!

Den meisten *Lernzielbestimmungen* gelingt es nicht, das Ziel*verhalten* der Lerner eindeutig zu beschreiben. Gehen wir als Beispiel die Sprechfertigkeitslernzielbestimmungen von vier niederländischen Pädagogischen Hochschulen für ihre DaF-Lehrerstudenten durch[20], also Lernzielbeschreibungen, die auch Sie – zumindest, wenn Sie mein Wunschadressat sind – treffen könnten:

1. Verbesserung der mündlichen Ausdrucksfähigkeit.
2. Die Fähigkeit sich mündlich auf Deutsch zu äußern, in einer an der deutschen Hochlautung orientierten Aussprache, ohne wiederholte grobe grammatische und idiomatische Fehler.
3. Die Ausbildung einer Basis-Sprechfertigkeit über gelenkte Konversation, wobei von verschiedenen Themen ausgegangen wird wie:
   - Berliner Sehenswürdigkeiten,
   - Berliner Mauer
   - Massenmedien.
4. Der Student kann sich sowohl über alltägliche Angelegenheiten als auch über kompliziertere, abstrakte Themen zusammenhängend und im allgemeinen mit adäquaten sprachlichen Mitteln äußern.

Deutlich ist, daß in diesen Definitionen drei Kriterien eine Rolle spielen:
- die *Sprachebene*, wie z. B. die gesprochene Standardsprache, die der Lerner erlernen soll,
- die *Kommunikationssituationen*, die er aktiv bewältigen können soll,
- die *Niveaustufe*, auf der er sich äußern können soll.

Tragen Sie bitte in die folgende Tabelle ein, in welchen der oben angegebenen Lernziele für den Bereich Sprechen und Hören diese Größen mitberücksichtigt sind:

[20] Die Lernzielbestimmungen finden sich in den Programmen niederländischer Pädagogischer Hochschulen mit einer DaF-Lehrerausbildung von 1979.

Definitionsversuch	Sprachebene	Kommunikations-Situationen	Niveaustufe
1			
2			
3			
4			

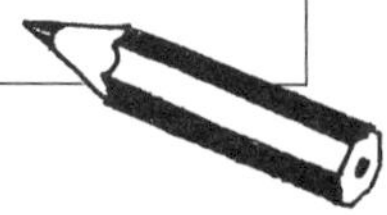

Stimmen Sie mit meinem Ergebnis überein?

Definitionsversuch	Sprachebene	Kommunikations-Situationen	Niveaustufe
1			
2	X		X
3		X	
4		X	X

Keine Definition beachtet alle drei Kriterien und vor allem: Keine Lernzielbeschreibung definiert die Kriterien auf sinnvolle Weise!! Wir schlagen daher folgende *Lernzielrahmendefinition* „Sprechfertigkeit" für das Ende einer fremdsprachlichen Schul- bzw. Hochschulausbildung vor:

- Fähigkeit, in der gesprochenen Standardsprache die innerhalb des Kommunikationsrahmens relevanten Sprechsituationen aktiv auf einem Niveau bewältigen zu können, daß die Sprechabsichten in wirksamer Weise versprachlicht werden. Das setzt neben den „klassischen" phonetisch-morphosyntaktischen Fertigkeiten die Beherrschung von Kommunikationsstrategien wie z. B. der Sprechstrategien zum Einsatz registerspezifischen Materials voraus.
- Fähigkeit zur groben Rekonstruktion der Lernwegorganisation sowie zur Begründung der Lernstoffauswahl.
- Fähigkeit zur Selbstbestimmung und zur sozialen Integration mit dem Ziel, den Lerner in die Gesellschaft „einzuüben" und ihn gleichzeitig gegen sie zu „immunisieren".

Neben die *sprachliche Kompetenz* tritt also die *Sprachlernfähigkeit* sowie die *soziale Kompetenz*.

Und hier folgt die *Rahmendefinition* für das Hörverständnis:

- Fähigkeit, die innerhalb des Kommunikationsrahmens relevanten Hörsituationen in den originalen Sprachvarianten auf einem Niveau bewältigen zu können, daß über die Grundbedeutungen auch die situativen Bedeutungen verstanden werden.

Auf diese Lernziel*rahmen*definitionen sind dann die Lernzielbeschreibungen für die einzelnen Unterrichtsreihen (vgl. das Didaktisierungsraster) auszurichten! Bleibt zu sagen, was unter Standardsprache verstanden wird und was Kommunikationsrahmenbestimmung heißt!

Gesprochene *Standardsprache* ist für mich die Sprache, die von in der Öffentlichkeit redegeübten Sprechern geäußert wird und die überregional und übergruppal verständlich ist, also nicht auf bestimmte (Berufs)-Gruppen beschränkt ist.

Bei der Bestimmung des *Kommunikationsrahmens* einer Lernergruppe geht man am zweckmäßigsten von den *Kontaktbereichen* aus, in denen die Lerner als Schüler bzw. als Studenten oder als Berufstätige mit Deutsch in Berührung kommen. Aus diesen Kontaktzonen werden dann hintereinander die lernerrelevanten *Themen, Textsorten* und gegebenenfalls *Situationen* sowie die *Sprachfunktionen* abgeleitet. Anschließend können dann die Sprachmittel *zugeordnet werden, und man entscheidet, welche* grammatischen Regeln *bewußt zu machen sind.*

Schematisch läßt sich dieser Ableitungszusammenhang folgendermaßen darstellen:

↓
Situation
↓
Textsorte
↓
Sprachfunktion
↓
Sprachmittel
↓
Grammatik

Bei indonesischen SMA-Schülern (SMA = Oberschule) z. B. sind aus der Kontaktzone *Schüleraustausch* folgende Ableitungen möglich:

Kontakt-zone	**Schüleraustausch** Indonesische Schüler besuchen Deutschland
Themen	1. Programm des Austausches 2. Durchführung des Austausches: – Verabschiedung in Indonesien – Begrüßung in Deutschland
Textsorten	*Für das Thema 1* Werbeplakat, Programmbrief, Zeitungsartikel (über den Austausch) *Für das Thema 2* Abschiedsdialog (Situation: Abschied von den Eltern, Verwandten und dem deutschen Botschaftsvertreter in Halim) Begrüßungsdialog (Situation: Begrüßung durch deutsche Gasteltern auf dem Flughafen Köln/Wahn)
Sprach-funktionen	*Für das Thema 2* – Jemanden begrüßen – Jemanden vorstellen – sich vorstellen – sich verabschieden ● ● ● ● ●
Sprach-mittel	Guten Tag, Hallo! Das ist *mein Vater.* Ich heiße *Möbius.* Auf Wiedersehen, Tschüs! ● ● ● ● ●
Grammatik	Personalpronomen im Nominativ Das Verb im Präsens ● ● ● ● ●

2.2 Kriterienkatalog zur Textauswahl

Schneiden wir mit der Problematik der *Textauswahl* eine überflüssige Frage an? Ganz sicher nicht, denn auch wenn Sie Ihren Unterricht im wesentlichen auf ein Lehrwerk und damit auf „vorgeschriebene" Texte stützen, kann nicht jeder Lehrwerk-Text unbesehen übernommen und in die Klasse getragen werden, vor allem weil die DaF-Lehrwerke in der Regel die ganze Welt „beglücken" wollen und nicht für eine klar begrenzte Zielgruppe verfaßt worden sind! Damit sind Kriterien bereitzustellen, nach denen die Textauswahl erfolgen kann.

Diese Kriterien werden ebenso wie die Kriterienkataloge für die Lernstoffbestimmung usw. vor dem Hintergrund des oben skizzierten Kontaktzonen-Ansatzes (S. 62 ff.) erarbeitet. Damit garantiert die Befolgung des Kriterienkatalogs, daß der Lernprozeß motivierend und ökonomisch abläuft, denn der Lerner lernt genau das und nur das, was er im Rahmen seiner deutschsprachigen Kontakte braucht.

Die folgenden Kriterienkataloge werden beispielhaft für *Sprechfertigkeitstexte* erarbeitet. Die *Textauswahl* kann mit Hilfe folgender Auswahlkriterien getroffen werden:

- *Kommunikationsrahmen*
  Entspricht der Text aus der Perspektive seines Themas, seiner Situation, seiner Textsorte und seiner Sprachfunktionen dem gegenwärtigen und (oder) zukünftigen Kommunikationsrahmen der Lerner?
- *Text-Charakter*
  Handelt es sich um einen zum Sprechen motivierenden Text – z. B. durch die vorliegende Situation und das Thema bzw. durch die argumentative, provokante oder problematisierende Themabehandlung?
  Enthält der Text Ausschnitte der kulturanthropologischen Besonderheiten des Zielsprachenlandes – z. B. im Bereich der Wertsetzungshorizonte – und fördert damit das Verständnis für das Zielsprachenland?
  Steht der Text im Bereich seiner kulturanthropologischen Ausschnitte – z. B. bei den Verhaltensnormen – im Kontrast zu der Heimat der Lerner? Wenn ja: Kann der Lerner mit Hilfe dieses interkulturellen Kontrastes seine eigene Position distanzierter sehen und besser verstehen? Kann also mit Hilfe dieses Kontrastes die kulturelle Identität der Lerner gefördert werden?
- *Sprachebene*
  Gehört der Text insgesamt oder in Teilen der gesprochenen Standardsprache an oder ist ihr weitgehend angenähert?
- *Schwierigkeitsgrad*
  Paßt der Text grundsätzlich aufgrund seines situativ-thematischen und sprachlichen Schwierigkeitsgrades in das Sprachprogramm der Lerner?

Wenn Sie nach oft langer Suche einen wirklich geeigneten Text gefunden haben, stellt sich sofort das nächste Problem: die Bestimmung, welche Wendungen und Kommunikationsstrategien zu aktivieren sind, welche Sprachmittel nur passiv und welche überhaupt nicht zu beherrschen sind!

2.3 Kriterienkatalog zur Bestimmung der zu aktivierenden Lernstoffe in Texten

- *Zielsprachiges Vorwissen*
  Bestimmung der Kommunikationsstrategien und Wendungen des Textes, die der Lerner noch nicht aktiv verwenden kann – unter Kennzeichnung der Wendungen, für die er keine anderen gebräuchlichen Varianten beherrscht.
- *Sprachfunktion*
  Decken die vorliegenden Sprachmittel innerhalb des Kommunikationsrahmens notwendige Sprachfunktionen ab, wie z. B. lernerrelevante Sprechintentionen?
- *Sprachebene*
  Gehören die Sprachmittel zur gesprochenen Standardsprache?
- *Frequenz*
  Handelt es sich bei den vorliegenden Kommunikationsstrategien bzw. Wendungen um frequente Sprachmittel?
- *Registerspezifik*
  Handelt es sich um informelle, neutrale oder formelle standardsprachliche Mittel?
- *Textsortenspezifik*
  Handelt es sich um Mittel, die textsortenübergreifend oder nur in bestimmten Textsorten, wie z. B. in mündlichen Berichten, Kommentaren, Diskussionen, Interviews oder dem small-talk, eingesetzt werden können?
- *Ausbaufähigkeit*
  Inwieweit sind die Sprachmittel mit anderen Strategien und Wendungen kombinierbar?

Deutlich ist, daß die mit Hilfe des Kriterienkatalogs erzielten Ergebnisse für Anfänger und Fortgeschrittene unterschiedlich zu gewichten sind und auch Antwort auf die Fragen geben, welche Sprachmittel nur passiv und welche überhaupt nicht zu beherrschen sind.

So wird man bei Anfängern im Gegensatz zu Fortgeschrittenen eine informelle standardsprachliche Wendung wie z. B. *das ist mir wurscht* nicht aktivieren, sondern sich zunächst auf eine neutrale Form wie *das ist mir egal* beschränken. Ebenso scheiden bei Anfängern in der Regel „textsortenspezifische" oder nicht „ausbaufähige" Wendungen aus bzw. Wendungen, für die der Anfänger bereits gebräuchliche Varianten beherrscht. Daß von der Standardsprache abweichende Wendungen in der Regel nicht aktiviert werden, versteht sich bei einem Fremdsprachenunterricht von selbst, der seinen Lernern ein überregional und übergruppal verständliches Instrument in die Hand geben will! Ob diese Mittel, wie z. B. dialektale Wendungen, passiv beherrscht werden sollen, hängt von den persönlichen Umständen des Lerners ab, z. B. davon, wie lange er sich in einem Dialektgebiet aufhält.

Nehmen wir einen Textausschnitt und machen wir die Probe auf's Exempel:

Übungen zum Gebrauch des Imperativs

aus: H. Müller: *Der eine und der andere.* Stuttgart (Klett) 1975, S. 28 f.

Der Chef, der Erste, der Zweite, der Dritte, der Vierte

Der Chef zum Ersten:	Darf ich Sie bitten, mir einen Stuhl zu bringen.
Der Erste zum Zweiten:	Bringen Sie dem Chef bitte einen Stuhl!
Der Zweite zum Dritten:	Bitte einen Stuhl für den Chef!
Der Dritte zum Vierten:	Bring dem Chef einen Stuhl, los!
Der Vierte:	Sofort!
	Der Vierte tut jeweils, was ihm befohlen wird.
	• • •
Der Chef zum Ersten:	Vielen Dank, mein Lieber! Dürfte ich Sie jetzt bitten, mir eine Zigarre zu besorgen.
Der Erste zum Zweiten:	Besorgen Sie dem Chef bitte eine Zigarre!
Der Zweite zum Dritten:	Bitte eine Zigarre für den Chef!
Der Dritte zum Vierten:	Besorg dem Chef eine Zigarre! Und zwar ein bißchen dalli!
Der Vierte:	Aber ja doch!
	• • •
Der Dritte zum Vierten:	Gib dem Chef Feuer! Na wird's bald!
Der Vierte:	Nein!
Der Dritte:	Wieso nein?
Der Vierte:	Ich mag nicht!
Der Dritte zum Zweiten:	Er mag nicht. Und ich mag auch nicht.
Der Zweite zum Ersten:	Er mag nicht. Und ich habe auch keine Lust.
Der Erste zum Chef:	Er hat keine Lust. Und ich verspüre auch keine Neigung.
Der Chef:	Das ist ärgerlich . . . Was schlagen Sie vor?
Der Erste:	Ich schlage vor, die Übungen zum Imperativ an dieser Stelle abzubrechen.
Der Chef zum Ersten:	Darf ich Sie dann freundlichst bitten, die Übungen abzubrechen.
Der Erste zum Zweiten:	Brechen Sie die Übung bitte ab!
Der Zweite zum Dritten:	Bitte abbrechen, die Übung!
Der Dritte zum Vierten:	Brich die Übung ab, du Idiot!
Der Vierte:	Bitte sehr!

Gehen wir davon aus, daß Ihr Lerner in der Oberstufe eines Gymnasiums – z. B. in Indonesien – lernt, sich auf einen Studienaufenthalt in der Bundesrepublik Deutschland vorbereitet und die Wendung *und zwar ein bißchen dalli* (Zeile 11) nicht beherrscht und auch keine frequente Variante dafür kennt.

Setzen Sie unsere Check-Liste zur Beantwortung der Frage ein, ob diese Wendung aktiv oder passiv zu beherrschen ist!

Und hier folgt mein Lösungsvorschlag:

- *Sprachfunktion:* Mit der Wendung liegt die lernerrelevante Sprechhandlung „jemanden zur Eile drängen" vor.
- *Sprachebene:* Es handelt sich um eine Wendung der gesprochenen Standardsprache[21].
- *Gebräuchlichkeit:* Die Wendung ist wenig gebräuchlich.
- *Registerspezifik:* Die Wendung gehört dem informellen Sprachregisterbereich an.
- *Textsortenspezifik:* Die Wendung kann textsortenübergreifend eingesetzt werden.
- *Ausbaufähigkeit:* Mit Hilfe der informellen Wendung können die Hörstrategien zur Interpretation registerspezifischer Wendungen sowie die Sprechstrategien zum Einsatz dieses Materials bewußt gemacht werden.

Bei unseren Anfängern eignet sich diese Wendung aufgrund ihrer geringen Gebräuchlichkeit und aufgrund ihrer Stellung als informelles Sprachregister *nicht* zur Aktivierung. Für den Aufenthalt in der Bundesrepublik Deutschland sollte sie allerdings passiv beherrscht werden.

Machen wir noch einen Versuch: Wie beurteilen Sie die Wendung *und ich verspüre auch keine Neigung* (Zeile 19)? Stimmen Sie mit mir überein, daß diese Wendung nicht zur gesprochenen Standardsprache gehört und auch im schriftsprachlichen Bereich kaum anzutreffen ist? Kurzum, sie sollte also weder in Sprech- noch in Schreibkursen aktiviert werden!

„Sofern *Sie* noch Neigung verspüren" – hier folgt ein letztes Beispiel: Wie steht es mit *ich habe keine Lust* (Zeile 18)? Es handelt sich um eine wichtige und lernerrelevante Sprechintention. Dabei ist die register- und textsortenneutrale Wendung *ich habe keine Lust* im Rahmen der gesprochenen Standardsprache häufig anzutreffen. Mit einem Wort: Sie sollte aktiviert werden, sofern unsere Anfänger noch keine anderen gebräuchlichen Varianten beherrschen.

Aktivieren heißt üben! An welchem didaktischen Ort ist unsere Wendung zu üben, im *Kontaktunterricht* – und zwar in der *Festigungs-* und (oder) *Anwendungsphase* – oder ausschließlich bzw. zusätzlich in der *Selbstlernphase*?

---

[21] Vgl. dazu Kontaktschwelle Deutsch als Fremdsprache, Langenscheidt 1981, © Europarat, Straßburg 1980, S. 114.

2.4 Kriterienkatalog zur Bestimmung der Übungsorte

- *Schwierigkeitsgrad der Lerneinheit*
  Die Bestimmung des Schwierigkeitsgrades der Lerneinheiten ist äußerst problematisch, da Kontraste zwischen der Mutter- und der Zielsprache nicht automatisch zu schwierigem Erlernen und zu Fehlern führen und da die Lernersprachen, die sogenannten Interimssprachen, die der Lerner im Laufe seines Erwerbs des Deutschen durchläuft, noch zu wenig beschrieben sind, um aus den gemachten Fehlern den Schwierigkeitsgrad der Sprachmittel zu bestimmen. Die Fixierung des Schwierigkeitsgrades kann daher zur Zeit lediglich mit Hilfe erfahrener DaF-Dozenten erfolgen und ist anschließend im Unterricht durch Fehleranalysen abzusichern. Dabei ist mitzuberücksichtigen, daß der Schwierigkeitsgrad von Wendungen offensichtlich auch von ihrer Länge und davon abhängt, ob völlig unbekannte Wendungen zu erlernen sind oder lediglich neue Bedeutungen zu bereits (aktiv oder passiv) beherrschten Einheiten.
- *Zugehörigkeit der Wendungen zu bestimmten Themenfeldern*
  Bestimmung des Themen-Bereichs bzw. -feldes wie z. B. des Schul- oder Hochschulwesens, zu der die Wendung gehört.

Grundsätzlich sind für die Lerner ,,schwierige" Kommunikationsstrategien bzw. Wendungen in der Festigungs- *und* Anwendungs- *und* Selbstlernphase zu üben, während ,,mittelschwere" Einheiten lediglich in der Anwendungs- und Selbstlernphase und ,,leichtere" Ausdrucksmittel nur im Selbststudium erworben werden. Dabei kann aus Gründen der Zugehörigkeit zu einem Themenfeld vereinzelt von diesem Prinzip abgewichen werden, z. B. können ,,leichte" Wendungen mit ihren ,,schwierigen" Feldnachbarn bereits gemeinsam in der Festigungsphase geübt werden. Daraus folgt, daß zu einem Themenfeld gehörende Wendungen möglichst gemeinsam geübt werden sollen – und zwar je nach Schwierigkeitsgrad evtl. in mehreren ,,Schüben". Dabei kann die inhaltliche Zusammengehörigkeit – besonders auf den Übungsblättern für die Hand der Lerner – durch die Anordnung der Wendungen unter passende Überschriften unterstrichen werden.

3 Methodik des Leseverstehens

3.1 Unterrichtsmodell zum Leseverstehen[22]

Arbeiten Sie bitte den folgenden Unterrichtsentwurf durch und erleben Sie wieder am „eigenen Leib", wie die hier vorgeschlagene Methode wirkt!

1A UNI BONN

Frankfurter Allgemeine Zeitung

Das Studium der jungen Leute aus Entwicklungsländern ist nicht richtig organisiert

Kultusminister schränken die Zulassung ein
Ein Viertel der Studenten gibt auf

Keine Programme / Von Kurt Reumann

FRANKFURT, 19. Mai. Ein Viertel der in der Bundesrepublik studierenden jungen Leute aus Entwicklungsländern gibt im ersten Studienabschnitt auf.

Dieses Ergebnis einer Studie des Hochschul-Informations-Systems (HIS) in Hannover hat in den Kultusministerien die Experten alarmiert: Ist das Studium für Ausländer bei uns richtig organisiert? HIS bestreitet das. Es empfiehlt gezielte Förderprogramme vorwiegend für Graduierte – also nicht am Anfang, sondern am Ende des Studiums.

Das Hauptinteresse an einem Studium in Deutschland liegt auf der Achse Südosteuropa (Griechenland, Türkei), Naher und Mittlerer Osten (Iran) und Südostasien (Indonesien), also oft nicht in Staaten, die als typische Entwicklungsländer gelten.

Die Kultusministerkonferenz ist daher entschlossen, das Konzept für Ausländerstudien zu ändern. Als erste Notmaßnahme bezeichnet der Generalsekretär der Kultusministerkonferenz, Schulz-Hardt, die Entscheidung der Minister, vom Wintersemester an nur noch Bewerber aus Entwicklungsländern zum Studium zuzulassen, denen auch zu Hause ein Studienplatz zufallen würde.

Quelle: *Frankfurter Allgemeine Zeitung,* 19. 5. 1981, stark gekürzt.

[22] Das Unterrichtsmodell ist von mir unter Mitarbeit von Frau S. Nainggolan für ein Lehrwerk geschrieben worden, das sich an die Abschlußklasse der indonesischen SMA (Oberschule) richtet.

Ü 1	•

1A

Lesen Sie bitte die Überschriften und schreiben Sie kurz auf, was Ihnen die Überschriften sagen!

Tragen Sie bitte – zum genaueren Verständnis der Überschriften –
- die Zusammensetzungen in Tabelle 1,
- die Ableitungen auf -ung in Tabelle 2 und
- die Cognates[23] in Tabelle 3 ein!

Ü 2	

Was sagen Ihnen
- die Überschriften
- die Textsorte (hier: Zeitungsartikel)
- das Foto

über den Inhalt des Zeitungsartikels?

[23] *Cognates* sind Wörter, die in der Ausgangs- und Zielsprache ähnlich klingen, z. B.:

Deutsch	Indonesisch
Kammer	kamar
normal	normal
Nummer	nomer

1A

Ü 3

Tragen Sie die unterstrichenen Wörter in die Tabelle ein!
Doppelnotierungen sind möglich.

Worthilfen für indonesische Lerner

Abschnitt = tahap
Experte = tenaga ahli
empfehlen = menganjurkan
fördern = memperdalam
Graduierter = lulusan

Ein Viertel der Studenten aus Entwicklungsländern gibt auf / keine Programme

FRANKFURT, 19. Mai. Ein Viertel der in der Bundesrepublik studierenden jungen Leute aus Entwicklungsländern gibt im ersten Studienabschnitt auf. – Dieses Ergebnis einer Studie des Hochschul-Informations-Systems (HIS) in Hannover hat in den Kultusministerien die Experten alarmiert: Ist das Studium für Ausländer bei uns richtig organisiert? HIS bestreitet das. Es empfiehlt gezielte Förderprogramme vorwiegend für Graduierte – also nicht am Anfang, sondern am Ende des Studiums.

Wörter aus der Überschrift bzw. zu dem Thema des Textes	Verneinte Angaben	Betonte Angaben	Zahlen-, Orts-, Zeitangaben
			Beispiel: Frankfurt, 19. Mai

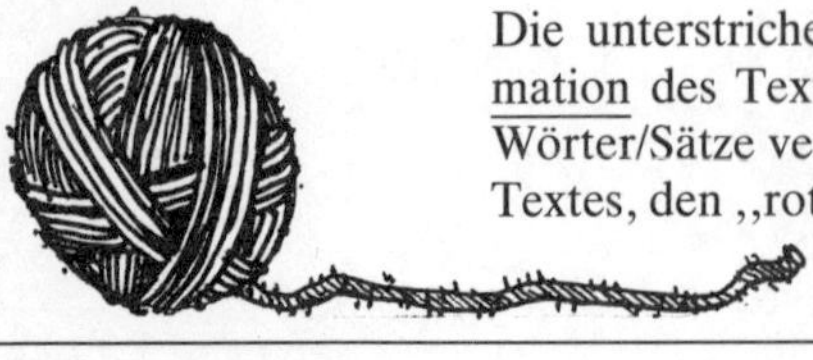

Die unterstrichenen Wörter/Sätze geben die Hauptinformation des Textes wieder. Wenn Sie die unterstrichenen Wörter/Sätze verstehen, haben Sie also den Kerninhalt des Textes, den „roten Faden" verstanden.

Wenn Sie einen Text grob verstehen wollen, suchen Sie im Text also immer:

- alle Wörter aus der Überschrift bzw. zu dem Thema des Textes (die wesentliche Fakten zu dem Hauptthema liefern)
- alle verneinten Angaben (mit *nicht, kein* usw.)
- alle betonten Angaben (mit *vor allem, sehr* usw.)
- alle Zahlen-, Orts- und Zeitangaben!

→ Wenn Sie dabei *einzelne* Wörter nicht verstehen, erschließen Sie sie oder schlagen Sie im Register nach!

Unterstreichen Sie jeweils *stichwortartig* so, daß sinnvolle Aussagen entstehen!

Ü 4	•

Lesen Sie bitte die unterstrichenen Sätze und sagen Sie, warum die Sätze unterstrichen sind!

Text

Frankfurt, 19. Mai. Ein Viertel der in der Bundesrepublik studierenden jungen Leute aus Entwicklungsländern gibt im ersten Studienabschnitt auf. – Dieses Ergebnis einer Studie des Hochschul-Informations-Systems (HIS) in Hannover hat in den Kultusministerien die Experten alarmiert: Ist das Studium für Ausländer bei uns richtig organisiert? HIS bestreitet das. Es empfiehlt gezielte Förderprogramme vorwiegend für Graduierte – also nicht am Anfang, sondern am Ende des Studiums.

Angaben aus der Überschrift	Angabe zum Hauptthema	verneinte Angabe	betonte Angabe	Zahlen-angabe	Ortsangabe	Zeitangabe

1A

Das Hauptinteresse an einem Studium in Deutschland liegt auf der Achse Südosteuropa (Griechenland, Türkei), Naher und Mittlerer Osten (Iran) und Südostasien (Indonesien), also oft nicht in Staaten, die als typische Entwicklungsländer gelten.

Die Kultusministerkonferenz ist daher entschlossen, das Konzept für Ausländerstudien zu ändern. Als erste Notmaßnahme bezeichnet der Generalsekretär der Kultusministerkonferenz, Schulz-Hardt, die Entscheidung der Minister, vom Wintersemester an nur noch Bewerber aus Entwicklungsländern zum Studium zuzulassen, denen auch zu Hause ein Studienplatz zufallen würde.

Angaben aus der Überschrift	Angabe zum Hauptthema	verneinte Angabe	betonte Angabe	Zahlen-angabe	Ortsangabe	Zeitangabe

Ü 5

Welche Zusammenfassung ist richtig?

Die meisten Studenten aus Entwicklungsländern kommen aus Südosteuropa, dem Iran und aus Indonesien!

↓

Ein Viertel der Studenten gibt das Studium auf.

↓

Man will deshalb Programme für Graduierte entwickeln.

↓

Die Kultusminister lassen alle Ausländer zu.

Die meisten Studenten aus Entwicklungsländern kommen aus Südosteuropa, dem Iran und aus Indonesien!

↓

Ein Viertel der Studenten gibt das Studium auf.

↓

Man will deshalb Programme – vorwiegend für Graduierte – entwickeln.

↓

Die Kultusminister schränken die Zulassung von Ausländern ein.

Ü 6 | **•**

1A

Wenn Sie noch Probleme beim Verstehen der Hauptinformationen haben, kann Ihnen die Übung helfen:

Lesen Sie noch einmal die unterstrichenen Sätze und tragen Sie die Cognates und Zusammensetzungen aus den unterstrichenen Sätzen in die Tabellen ein!

FRANKFURT, 19. Mai. Ein Viertel der in der Bundesrepublik studierenden jungen Leute aus Entwicklungsländern gibt im ersten Studienabschnitt auf. – Dieses Ergebnis einer Studie des Hochschul-Informations-Systems (HIS) in Hannover hat in den Kultusministerien die Experten alarmiert: Ist das Studium für Ausländer bei uns richtig organisiert? HIS bestreitet das. Es empfiehlt gezielte Förderprogramme vorwiegend für Graduierte – also nicht am Anfang, sondern am Ende des Studiums.

Das Hauptinteresse an einem Studium in Deutschland liegt auf der Achse Südosteuropa (Griechenland, Türkei), Naher und Mittlerer Osten (Iran) und Südostasien (Indonesien), also oft nicht in Staaten, die als typische Entwicklungsländer gelten.

Die Kultusministerkonferenz ist daher entschlossen, das Konzept für Ausländerstudien zu ändern. Als erste Notmaßnahme bezeichnet der Generalsekretär der Kultusministerkonferenz, Schulz-Hardt, die Entscheidung der Minister, vom Wintersemester an nur noch Bewerber aus Entwicklungsländern zum Studium zuzulassen, denen auch zu Hause ein Studienplatz zufallen würde.

1A

COGNATES

Deutsch	Indonesisch
Beispiel: Türkei	Negara Turki

ZUSAMMENSETZUNGEN

Beispiel	Bildung	Erklärung
Wintersemester	Substantiv + Substantiv	Semester vom 15. Oktober bis ca. 15. F[illegible]uar

Ü 7

① **Kultusminister schränken die Zulassung ein**

② **Ein Viertel der Studenten gibt auf / Keine Programme**

③ **Viele Studenten kommen nicht aus typischen Entwicklungsländern**

Ordnen Sie den Überschriften die passenden Textstücke zu!

ⓐ Nur wer auch zu Hause einen Studienplatz bekommt, kann in Deutschland studieren.

ⓒ Die Unis wollen ein Programm für Graduierte aufbauen.

ⓑ Die Universitäten haben das Studium schlecht organisiert.

ⓓ Die meisten Studenten sind Griechen, Türken, Iraner und Indonesier.

1A

Ü 8	

Präferenz ausdrücken

Ich *studiere* lieber .....
Es ist besser, wenn .....
Mir ist es lieber, wenn .....

○ Studieren – aber wo? In Deutschland oder hier in ..... (in Ihrem Land!)

● Ich studiere lieber hier, weil *es in Deutschland keine Programme für uns gibt.*
Es ist besser, wenn ich hier studiere, weil .....
Mir ist es lieber, wenn ich hier studiere, weil .....

•••••

In Deutschland
gibt es keine Programme für Sie
gibt ein Viertel der Studenten auf
bekommt man nur schwer einen Studienplatz
muß man (erst) Deutsch lernen
•••••

1A

Ü 9	

Zögern

Ich weiß noch nicht, ob . . . . .
Ich kann noch nicht sagen, ob . . . . .
Ich muß mir das noch überlegen.

○ Und Sie? (Wollen Sie *auch in . . . . . [Ihr Land!] studieren?)*

● Ich weiß noch nicht, ob *ich hier bleibe.*
Ich kann noch nicht sagen, ob . . . . .
Ich muß mir das noch überlegen.

● ● ● ● ●

? In . . . . . (Ihr Land) bleiben
In . . . . . studieren
(überhaupt) studieren
Nach Deutschland gehen ?

Ü 10	

Um Rat fragen

Ist es besser, wenn . . . . .?
Soll ich . . . . .?

○ Ist es besser, wenn *ich in Deutschland studiere?*
Soll ich *Deutsch in Bonn studieren?*

● ● ● ● ●

? in Deutschland studieren
in . . . . . bleiben
Deutsch / Medizin . . . . . in
Bonn / München . . . . . studieren ?

Ü 11 | ⬩ **1A**

Freude ausdrücken	*Begeisterung ausdrücken*
Ich bin (so) froh, daß . . . . . Ich freue mich (so), daß	Toll / Klasse / Wunderbar

○ Ich bin so froh, daß ich einen Studienplatz in *Bonn* bekommen habe.
Ich freue mich so, daß . . . . .

● Toll!
Klasse!
Wunderbar!

• • • • •

1A

Ü 12	⌗

Es geht um das Studienfach und den Studienort.
Führen Sie das Gespräch!

4 Und du?

1 Ich glaube, ich studiere in Deutschland.

3 Ich bin froh, daß ich hier bin. Ich studiere hier.

6 Ich bleibe lieber hier, weil man in Deutschland nur schwer einen Studienplatz bekommt.

7 Ich weiß noch nicht, ob ich studiere.

5 Aber was? Ist es besser, wenn man Sprachen studiert, oder ist es besser, wenn man z. B. Chemie studiert?

2 Ich muß mir das (auch) noch überlegen.

3.2 Erarbeitung der Lern- und Lehrtechniken des Unterrichtsmodells

Beim Durcharbeiten des Unterrichtsmodells ist Ihnen sicher deutlich geworden, daß die Unterrichtsstunde zwei Hauptziele verfolgt: ein Leseverstehens- und ein Sprechfertigkeitsziel. Im Rahmen des Leseverstehens steht das *kursorische Textverständnis,* das Grobverständnis, im Vordergrund.

Beim Herausarbeiten der *Lern- und Lehrtechniken* gehen wir wieder von den konkreten *Lerneraktivitäten* aus. Bestimmen Sie bitte anschließend die hinter den Aktivitäten stehenden *Lernziele* und versuchen Sie dann, die konkrete *Lerneraktivität* zu verallgemeinern und als *allgemeine Lern- und Lehrtechnik* zu formulieren.

Notieren Sie bitte Ihre Ergebnisse stichwortartig nach folgender Systematik:

Lerneraktivität	Lernziel(e)	Lern- bzw. Lehrtechnik
Ü 1: Der Lerner liest die Überschrift, erschließt dabei einzelne Wörter durch ihren Eintrag in entsprechende Tabellen und schreibt auf, was ihm die Überschrift sagt.	Fähigkeit, die Überschrift Wort für Wort zu verstehen.	Strategien zum Erschließen von einzelnen Wörtern mit Hilfe der Wortbildung.

Stützen Sie sich bei den Verallgemeinerungen bitte auf folgende Hilfen:

Strategie zum Erschließen von einzelnen Wörtern mit Hilfe von Zusammensetzungen.

Strategie zum Erschließen des „roten Fadens" eines Textes.

Festigungsübungen, z. B. Transformationen.

Strategie zur Verbesserung des Grobverständnisses, z. B. durch den Vergleich von einer richtigen und einer falschen Zusammenfassung.

Strategie zum Erschließen von einzelnen Wörtern mit Hilfe von Ableitungen.

Anwendungsübungen, z. B. Redemittelstreifen-übungen.

Strategie zum Erschließen von einzelnen Wörtern mit Hilfe von Cognates.

Strategie zur Hypothesen-bildung über den Textinhalt.

Strategie zur Verbesserung des Grobverständnisses, z. B.durch die Zuordnung von Nebeninformationen zu Hauptinformationen.

Lerneraktivität	Lernziel(e)	Lern- bzw. Lehrtechnik
Ü 1: Der Lerner liest die Überschrift, erschließt dabei einzelne Wörter durch ihren Eintrag in entsprechende Tabellen und schreibt auf, was ihm die Überschrift sagt.	Fähigkeit, die Überschrift Wort für Wort zu verstehen.	Strategien zum Erschließen von einzelnen Wörtern – und damit der Überschrift – mit Hilfe von Zusammensetzungen, Ableitungen und Cognates.
Ü 2: Der Lerner macht mit Hilfe der Überschrift, der Textsorte und des Fotos eine Voraussage über den Textinhalt.	Bildung einer Hypothese über den Hauptinhalt des Textes.	Strategie zur Hypothesenbildung über den Textinhalt mit Hilfe der Überschrift, der Textsorte und von Fotos.
Ü 3: Lernaktive Erarbeitung des Algorithmus zur Ermittlung des „roten Fadens“ eines Textes.	Fähigkeit zum Einsatz des Algorithmus. Fähigkeit zum kursorischen Textverständnis.	Strategie zum Erschließen des „roten Fadens“ eines Textes mit Hilfe des Algorithmus.
Ü 4: Der Lerner begründet mit Hilfe des Algorithmus, warum bestimmte Stellen in dem FAZ-Text unterstrichen sind.	Fähigkeit zum Einsatz des Algorithmus. Fähigkeit zum kursorischen Textverständnis.	Strategie zum Erschließen des „roten Fadens“ eines Textes mit Hilfe des Algorithmus.

Ü 5: Der Lerner bestimmt aus einer richtigen und einer falschen Zusammenfassung des Textes die richtige Zusammenfassung.	Verbesserung des kursorischen Textverständnisses.	Strategie zur Verbesserung des Grobverständnisses durch den Vergleich von zwei Zusammenfassungen.
Ü 6: Der Lerner erschließt einzelne Wörter aus den (unterstrichenen) Hauptinformationen.	Verbesserung des kursorischen Textverständnisses.	Strategien zum Erschließen von einzelnen Wörtern mit Hilfe von Zusammensetzungen und Cognates.
Ü 7: Der Lerner ordnet Unterpunkte aus dem Text den passenden Hauptpunkten zu.	Fähigkeit, Informationen logisch zu ordnen. Verbesserung des kursorischen Textverständnisses.	Strategie zur Verbesserung des Grobverständnisses durch die Zuordnung von Neben- zu Hauptinformationen.
Ü 8: Gehäufte Wiederholung der Wendungen *Ich studiere lieber .....* *Es ist besser, wenn .....* *Mir ist es lieber, wenn .....* unter Ergänzung eigener Begründungen	Reproduktionsfähigkeit dieser Wendungen.	Festigungsübung: Transformation.
Ü 9: Gehäufte Wiederholung der Wendungen *Ich weiß noch nicht, ob .....* *Ich kann noch nicht sagen, ob .....* *Ich muß mir das noch überlegen.* unter Hinzufügung eigener Inhalts-Ergänzungen.	Reproduktionsfähigkeit dieser Wendungen.	Festigungsübung: Transformation.

Lerneraktivität	Lernziel(e)	Lern- bzw. Lehrtechnik
Ü 10: Gehäufte Wiederholung der Wendungen *Ist es besser, wenn .....* *Soll ich .....?* unter Hinzufügung eigener Inhalts-Ergänzungen.	Reproduktionsfähigkeit dieser Wendungen.	Festigungsübung: Substitution.
Ü 11: Gehäufte Wiederholung der Wendungen *Ich bin froh, daß .....* *Ich freue mich, daß .....* unter Hinzufügung eigener Inhalts-Ergänzungen.	Reproduktionsfähigkeit dieser Wendungen.	Festigungsübung: Transformation.
Ü 12: Die bereits gefestigten Wendungen *Ich bin froh, daß .....* *Ich ..... lieber .....* *Ich muß mir das noch überlegen.* *Ich weiß noch nicht, ...* *Ist es besser, wenn .....* werden noch einmal gemeinsam ein- bis zweimal wiederholt.	Flüssige und angemessene Reproduktion der Wendungen.	Anwendungsübung: Redemittelstreifen.

Das folgende Schema faßt den Lernschrittzyklus des Modells zum Leseverstehen noch einmal zusammen:

Lernschrittzyklus des Unterrichtsmodells zum Leseverstehen und zur Sprechfertigkeit

Lern-schritte	Lern- und Lehrtechniken
Aufnahme-phase	– Motivationsstrategien[24] – Strategien zum Erschließen der *Überschrift* – Strategien zur *Hypothesenbildung* über den *Text-inhalt* – Strategie zum *Erschließen des „roten Fadens“* eines Textes – Strategie zur *Verbesserung des Grobverständnisses* (eingeschlossen sind die Strategien zum Erschließen von einzelnen Wendungen)
Festigungs-phase	– *Festigungsübungen* mit gehäufter Wiederholung von wenigen „neuen“ Wendungen
Anwendungs-phase	– *Anwendungsübungen* mit ein- bis zweifacher gemeinsamer Wiederholung eines großen Teils der bereits gefestigten „neuen“ Wendungen

Die gestrichelten Linien zwischen den einzelnen Lernschritten machen wieder deutlich (vgl. S. 42), daß diese Phasen nicht als hermetisch geschlossene und isolierte Blöcke zu verstehen sind, sondern als Schritte mit schwerpunktmäßiger Bündelung bestimmter Lernziele bzw. Lernaktivitäten.

[24] Die Motivationsphase ist in unserem Modell nicht mitabgedruckt.

3.3 Raster für Leseverstehens-Stundenentwürfe

Selbstverständlich ist auch dieses Raster wieder als *offene Liste* zu verstehen, die um weitere Lern- und Lehrtechniken zu ergänzen ist (vgl. S. 54). Damit darf auch dieses Raster nicht als fertige Rezeptvorlage mißverstanden werden!

Der Stundenentwurf zum Leseverstehen macht deutlich, daß bei der Erschließung des „roten Fadens", der *Textebene,* mit Hilfe der Angaben aus der Überschrift, der Ortsangaben usw. häufig gleichzeitig die *Wortebene* – z. B. mit Hilfe der Wortbildung (Zusammensetzungen/Ableitungen) – zu erschließen ist. Daneben muß häufig auch die *Satzebene* erschlossen werden, z. B. mit Hilfe von „Konnektoren" wie *obwohl, wenn, oder,* also mit Signalen, die das semantische Verhältnis zwischen Sätzen ausdrücken und Voraussagen über den Inhalt des kommenden Satzes machen: *obwohl* drückt z. B. eine Opposition aus: *Ich lese weiter, obwohl ich keine Lust mehr habe.*

Stellen Sie bitte beim Vervollständigen des folgenden Algorithmus die verschiedenen Strategien zur Erschließung der Text-, Satz- und Wortebene selbst zusammen.

Vervollständigen Sie bitte den Algorithmus:

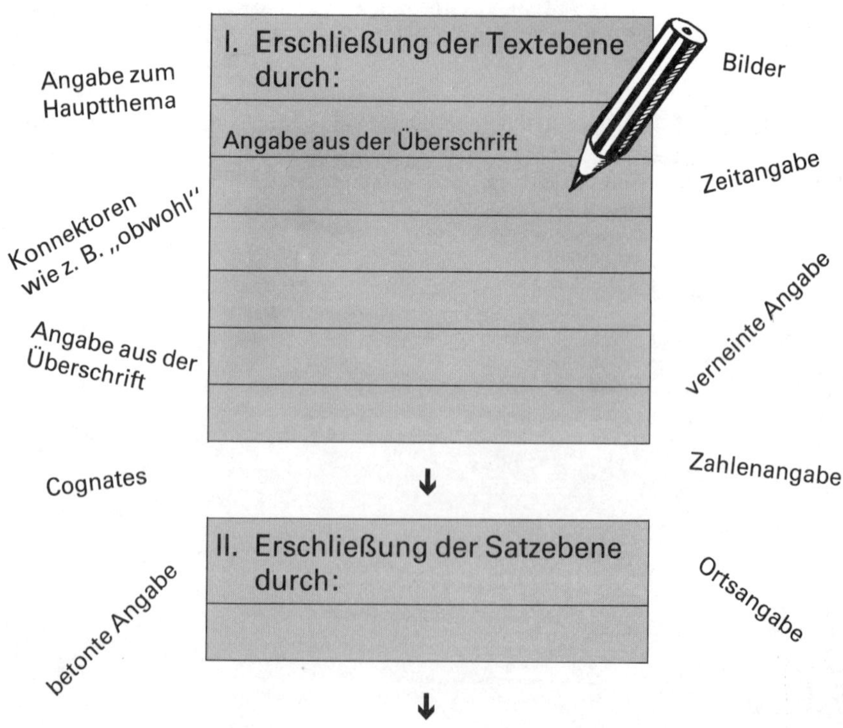

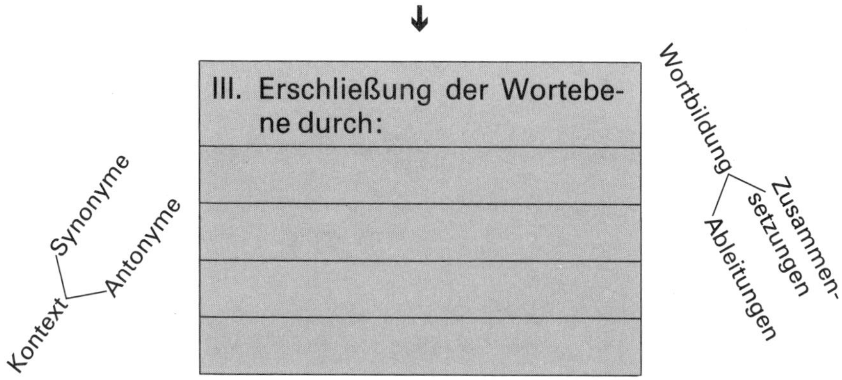

Sie haben in dem Unterrichtsmodell zum Leseverstehen Zusammensetzungen wie *Förderprogramm* und *Kultusministerkonferenz* und Ableitungen wie *Zulassung* oder *Entwicklung* mit Hilfe der Wortbildung erschlossen.

Tragen Sie bitte die folgenden *Ableitungen* und *Zusammensetzungen* in die Tabellen ein, und machen Sie sich dabei die Wortbildungsregularitäten klar!

arbeitslos
Rauchen
Beginn
Studiererei
Studentin
gastfreundlich
Krankheit
Erlebnis
Miete
studentisch
Vorort
Entwicklungsland
beruflich
Vorlesung
industriell
Partnerschaft
ungesund
Schloß
Deutschland
Politiker
Förderprogramm
tragbar
geduldig

Zusammensetzungen

Beispiel	Bildung	Erklärung
	Substantiv + Substantiv	
	Adjektiv + Substantiv	
	Verb + Substantiv	
	Präposition + Substantiv	
	Substantiv + Adjektiv	

Ableitungen aus Verben

Beispiel	Bildung	Erklärung
	Stamm	
	Stamm mit Vokalwechsel	
	Stamm + -e	
	Stamm + -en	
	Stamm + -erei	
	Stamm + -nis	
	Stamm + -ung	
	Stamm + -bar	

Ableitungen aus Adjektiven		
Beispiel	*Bildung*	*Erklärung*
	Adjektiv + -heit	
	un- + Adjektiv	

Ableitungen aus Substantiven		
Beispiel	*Bildung*	*Erklärung*
	Substantiv + -lich	
	Substantiv + -ig	
	Substantiv + -er	
	Substantiv + -los	
	Substantiv + -isch	
	Substantiv + -schaft	
	Substantiv + -ell	
	Substantiv + -in	

Lösung der Aufgaben auf S. 88ff.

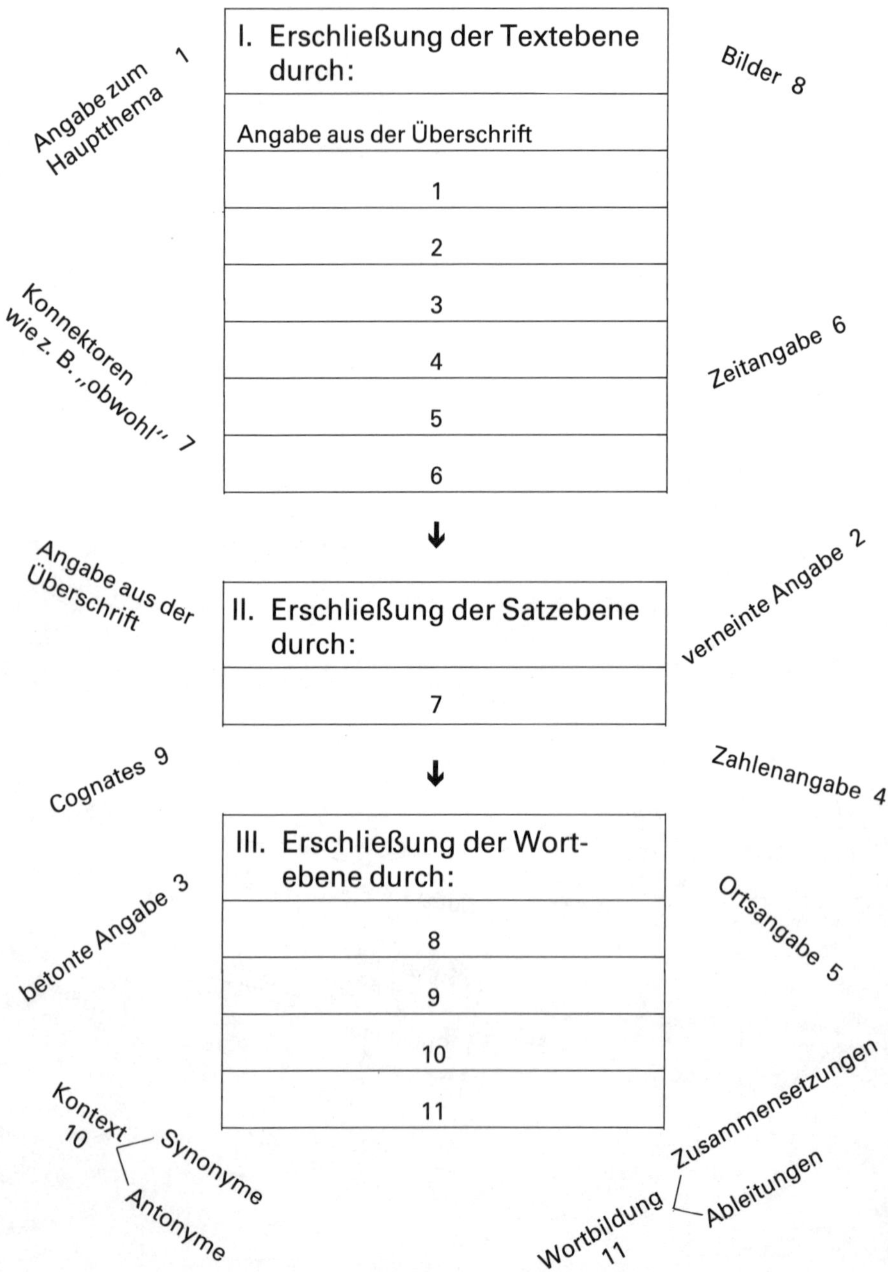

Zusammensetzungen		
Beispiel	*Bildung*	*Erklärung*
Entwicklungsland	Substantiv + Substantiv	
Deutschland	Adjektiv + Substantiv	
Förderprogramm	Verb + Substantiv	
Vorort	Präposition + Substantiv	
gastfreundlich	Substantiv + Adjektiv	

Ableitungen aus Verben		
Beispiel	*Bildung*	*Erklärung*
Beginn	Stamm	
Schloß	Stamm mit Vokalwechsel	
Miete	Stamm + -e	
Rauchen	Stamm + -en	
Studiererei	Stamm + -erei	
Erlebnis	Stamm + -nis	
Vorlesung	Stamm + -ung	
tragbar	Stamm + -bar	

Ableitungen aus Substantiven		
Beispiel	Bildung	Erklärung
beruflich	Substantiv + -lich	
geduldig	Substantiv + -ig	
Politiker	Substantiv + -er	
arbeitslos	Substantiv + -los	
studentisch	Substantiv + -isch	
Partnerschaft	Substantiv + -schaft	
industriell	Substantiv + -ell	
Studentin	Substantiv + -in	

Ableitungen aus Adjektiven		
Beispiel	*Bildung*	*Erklärung*
Krankheit	Adjektiv + -heit	
ungesund	un- + Adjektiv	

4 Beispielhafte Unterrichtsentwürfe für Niederländer und Indonesier, die sich als Modelle auf andere Zielgruppen übertragen lassen

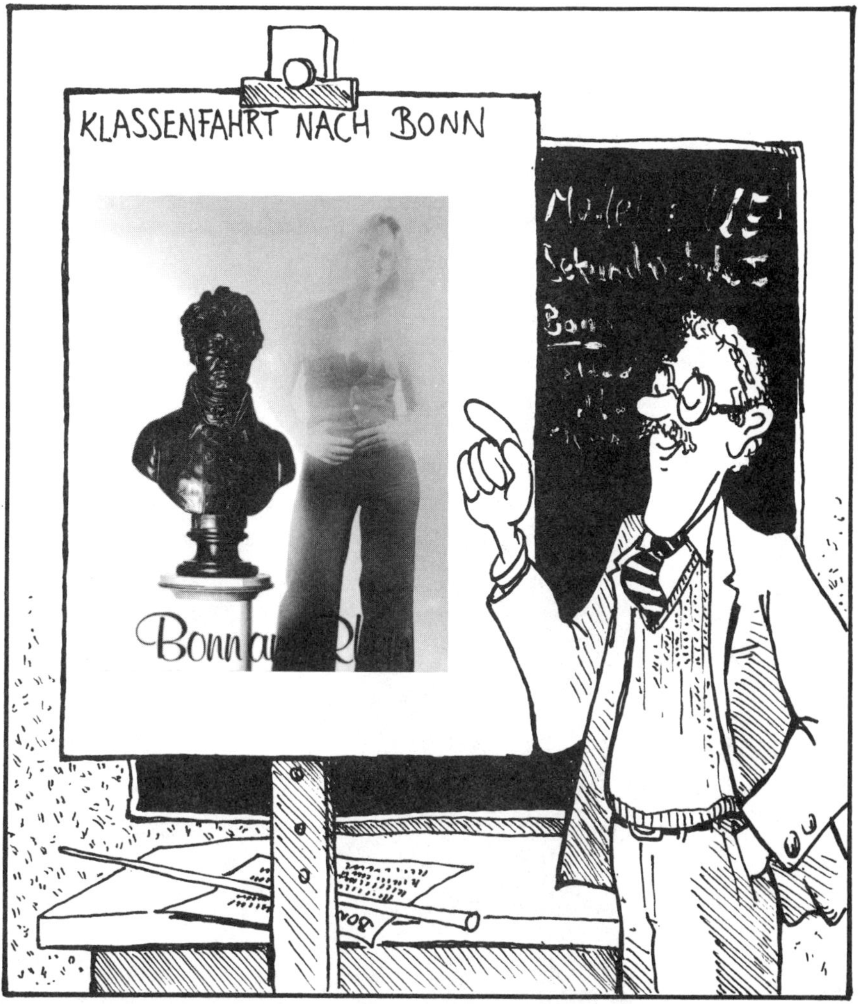

4.1 Unterrichtsmodell für die niederländische Sekundarstufe I

Klassenfahrt nach Bonn[25]

Eine niederländische 8. Klasse besucht ihre Bonner Partnerschule und bespricht mit den Bonnern das gemeinsame Programm in der Cafeteria der Schule.

Deutschlehrer Weise:	Wer Bonn sagt, denkt vor allem an Politik! *Einverstanden?* Oder fällt Euch zu dem Bonn-Poster[26] dort drüben noch etwas anderes ein?
Jan:	Wat 'n stuk! (niederländischer Ausdruck, auf Deutsch: kesse Biene)
Henk:	Nettes Mädchen!
Elli:	Eine tolle Stadt!
Erik:	Saaie cultuur! (niederländischer Ausdruck, auf Deutsch: langweilige Kultur)
Peter (verspätet):	Hallo, Freaks[27]!
Hans:	He, Du Eimer[27]! Mal wieder zu spät?
Weise:	*Seid* bitte nicht so laut! *Kommt* doch etwas näher! Na, was machen wir heute? *Ich möchte* Euch eigentlich erstmal die Stadt zeigen.
Hans:	Bloß nicht so viel laufen! Ich *würde gern* eine Schiffstour *machen.*
Peter:	O.k. – *Einverstanden,* aber nachher ein Eis beim Italiener.
Uwe:	Nee – *ich bin dagegen,* ich *will* das Asterix-Spiel auf dem Marktplatz sehen.
Weise:	Mal langsam, jetzt sind aber die Niederländer dran. *Entschuldigt bitte* meine vorlauten Schüler.

Ü 1

Ihr nehmt an der Besprechung des Programms teil: Was wollt ihr denn machen?

o Ich möchte ins *Kino* (gehen).

• • • • •

---

[25] Dieses Modell ist von mir für 13–14jährige niederländische Schüler geschrieben worden, die im ersten Jahr Deutsch lernen.

[26] Auf dem Poster lächelt uns ein sehr kesses und junges Jeans-Mädchen mit verführerischem Ausschnitt an – neben einer melancholischen Beethoven-Büste!

[27] Bei den Begrüßungsformeln *Hallo, Freaks* und *He, du Eimer* handelt es sich um Wendungen, die der Jugendsprache angehören.

[28]

Ü 2

Du bist mit den Vorschlägen nicht einverstanden:

○ Ich bin dagegen. Ich möchte ins *Bundeshaus* gehen.
Ich bin dagegen. Ich will ins *Bundeshaus* gehen[29].

• • • • •

Ü 3

Im Gegensatz zu dir ist die Mehrheit natürlich für ein kühles Bad. Du gibst nach:

○ Einverstanden, aber morgen möchte ich dann ins *Bundeshaus* gehen.
Einverstanden, aber morgen will ich dann ins *Theater.*
Einverstanden, aber morgen würde ich dann gern ins *Kino* gehen.[29]

• • • • •

Ü 4

[30]

---

[28] ..... bedeutet, daß die Lerner auch selbständig eigene Einsetzelemente verwenden können.

[29] Die Lerner stützen sich wieder auf die (visuellen) Stimuli aus Übung 1. Wie bei allen Festigungsübungen üblich, ist auch diese Übung fünf- bis siebenmal durchzuführen.

[30] Bei Lernern, die den Artikelgebrauch bereits geübt haben, können auch Maskulina wie „Sprungturm" oder Feminina wie „Rutsche" und „Strickleiter" als Einsetzelemente verwendet werden.

Im Schwimmbad ist viel verboten! Du warnst deine Freunde:

○ Mensch, kommt bloß von dem *Sprungbrett* runter!

● ● ● ● ●

Ü 5

Wie immer ist es zu spät! Lehrer Weise ertappt einige von euch:

○ Entschuldigen Sie bitte – wir gehen auch nicht mehr auf das *Sprungbrett.*
Entschuldige bitte – wir gehen auch nicht mehr auf das *Dach.*[31]

● ● ● ● ●

Ü 6

Der erste Tag liegt hinter euch. Bei eurem Sonnenbrand diskutiert ihr das Programm für den zweiten Tag im schattigen Garten der Jugendherberge:

○ Ich möchte ins *Museum* gehen.
● Nee – bin ich dagegen. Ich will ins *Kino* gehen.
△ O.k. – einverstanden, aber morgen würde ich dann gern (wieder) ins *Schwimmbad* gehen.

Dir ist die Diskussion zu langatmig. Du wendest dich an deine Freunde:

□ Kommt mit – wir gehen allein ins *Kino.*[32]

Ü 7

Tragt bitte die kursiven Wendungen des Lektionstextes in die dazu passenden Rubriken ein!

entschuldigen	wünschen	zustimmen	ablehnen	auffordern	fordern

[31] Als Stimuli werden wieder die Bilder bzw. Einsetzelemente aus Ü 4 herangezogen.
[32] Nach der ersten Replik ist die Reihenfolge der Folge-Repliken vertauschbar und können weitere Repliken – immer unter Verwendung der Lerneinheiten – angefügt werden!

Zwischentext

Die Schranken bleiben unten, und das Asterix-Spiel auf dem Marktplatz fängt gleich an!

Hans: Die geh'n so schnell nicht auf. *Kommt* mit: Wir springen einfach über die Schranken.

Gerda: Nee – *da bin ich gegen.* Das ist doch streng verboten!

Lehrer Weise: Ihr *bleibt* hier! Das ist viel zu gefährlich.

Elli: Aber *wir möchten* Asterix doch so gern sehen.

Peter: *Wir möchten!? Wir wollen* das sehen!

Uwe (theatralisch): Lieber Gott, ich bitte Dich – *mach bitte* die Schranken auf!

Lehrer Weise: Nehmen wir lieber die Taxis dort drüben vom Stand und fahren die paar Kilometer durch den Tunnel. *Ich lad' Euch ein.*

Schüler: Prima, *vielen Dank!*

Hans: Der Weise ist spitze.

Ü 8 | ●–●

Euer Thema im Taxi: Wie kann man sich bei Herrn Weise bedanken?

○ Laden wir ihn zu einem *Bier* ein.
● Da bin ich gegen. Der trinkt doch viel lieber *Wein*.
●●●●●

Ü 9 | ✣

Ihr kommt spät auf dem Marktplatz an: Vor lauter Asterix-Fans sind Asterix und Obelix kaum zu sehen und zu hören:

○ *Macht bitte Platz!* Ich *seh' nichts* . . . . . Vielen Dank!
●●●●●

Seid bitte leiser! (nichts verstehen)

Kommt bitte mit nach vorn! (so schlecht sehen)

Rückt bitte ein Stück! (keinen Platz haben)

Laßt mich bitte auch sitzen! (keinen Platz haben)

Sei bitte leiser! (nichts hören)

Mach bitte Platz! (nichts sehen)

Komm bitte mit nach vorn! (. . . . .)

Rück bitte ein Stück! (. . . . .)

Laß mich bitte auch sitzen! (. . . . .)

Ü 10

Ihr könnt im Asterix-Spiel mitmachen. Wer von euch hat Lust? Asterix und Obelix besuchen das römische Bonn, das „castra Bonnensia".

Hier sind eure Rollen!

Obelix[33]*:*	Ich habe Hunger, Hunger, Hunger – auf ein riesiges Schwein![34]
Römer:	Komm zu mir nach Hause zum Essen!
Obelix:	Gern *(bedankt sich).*

Beim Essen bzw. besonders im Falle von Obelix beim „Fressen":

Asterix:	Ich will noch ein Schwein!
Obelix:	Bitte noch ein Faß Wein – aber für mich allein!
Römer (zu Obelix):	Das sind meine Hühner! *(zurückgeben)*
Obelix:	*(entschuldigt sich)*

Und nach dem Essen:

Obelix (zu Asterix):	Gehen wir jetzt schwimmen?
Asterix:	*(zustimmen* oder *ablehnen)*

Ü 11 •

Was für eine wilde *Fresserei!* Sehen wir uns alles noch einmal genau an: Tragt dabei bitte die von euch eingesetzten Wendungen (= den Ersatz für die unterstrichenen Wendungen bzw. die Sprechintentionen) in die passenden Rubriken ein.

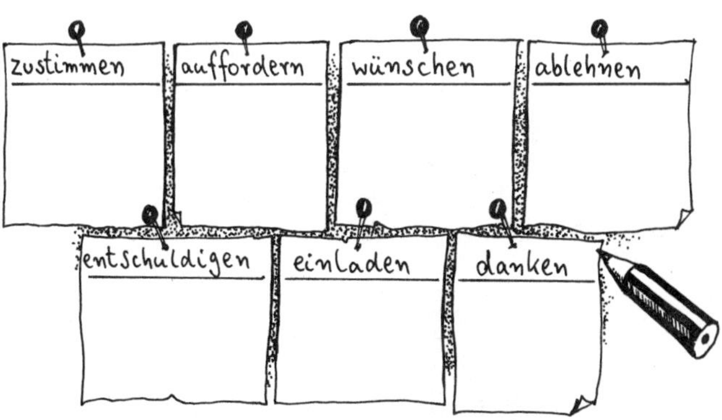

[33] Im Unterricht werden entsprechende Bilder aus „Asterix und Obelix" zugeordnet, z. B. aus „Astrix en de Belgen", hg. von Dargaud Benelux, Brüssel 1979.

[34] Die unterstrichenen Wendungen bzw. die vorgegebenen Sprechintentionen sind jeweils gegen die entsprechenden in der Festigungsphase erlernten Wendungen auszutauschen.

Ü 12

Wie ist es mit euch? Macht doch mit! Erarbeitet gemeinsam mit Bonner Schülern ein Schauspiel! Doch die Bretter, die die Welt bedeuten, sind glatt, bereits die Auswahl des Stückes ist schwierig:

1 Nehmen wir doch „*Mensch Meier*"!

7 Er würd' gern einen *Clown* spielen!!! Ich will den Namen des Stückes wissen, Du *Esel!*

3 Dann nenn du doch etwas!

5 Ich möchte gern einen *Clown* spielen.

2 Schon gut, entschuldige bitte!

6 O.k. – einverstanden. Das Stück ist wirklich spannend.

8 Sei doch bitte nicht so *grob!*

4 Nee – da bin ich gegen. Das ist doch *Mist.*

„Papa, Charly hat gesagt"

„Stärker als Superman"

Cowboy

langweilig

Prima

Idiot

Arbeitsaufgaben

Bereits deutlich geworden ist, daß sich dieses Modell an 13- bis 14jährige Sekundarstufenschüler in den Niederlanden wendet. Zunächst zu den *didaktischen Aufgaben:*

Bestimmen Sie bitte – wenn Sie wollen mit Hilfe unseres Rasters auf S. 55 ff. – das *Sprechfertigkeitslernziel* dieses Unterrichtsmodells und überprüfen Sie anschließend mit Hilfe der entsprechenden Kriterienkataloge auf S. 65 ff., ob die *Textauswahl* und die *Lernstoffbestimmung* in den Texten lernerangemessen ist. Im Rahmen der *Aufgaben zur Methode* sind die drei *Hauptlernschritte,* die Aufnahme-, Festigungs- und Anwendungsphase, zu bestimmen und die in diesen drei Lernschritten verwendeten *Lerntechniken* zu benennen. Verwenden Sie dazu bitte folgende Tabelle:

Übungs-Nr. bzw. Text	Lernphase	Übungsklasse	Übungstyp	Sozialform
Beispiel: Text	Aufnahme	./.	./.	Schüler hören den Dialog über Tonband
Ü 1	Festigung	Festigungs-übung	Substitution	Reihung

Lösungen

Ich hoffe, daß Sie die Aufgaben ohne Schwierigkeiten lösen konnten. Falls Sie noch Fragen haben, können Sie sich an meinen Lösungsvorschlägen orientieren:

Didaktik

Sprechfertigkeitslernziele

Fähigkeit zum situationsadäquaten Einsatz der folgenden Wendungen:

Wendungen	*Sprechintentionen*
einverstanden	zustimmen
ich bin dagegen / da bin ich gegen	ablehnen
Imper. 2. Pers. Pl.	auffordern
Imper. 2. Pers. Sg.	
ich möchte	wünschen
ich würd' gern (+ Verb)	
ich will	fordern
entschuldigen Sie bitte	entschuldigen
entschuldige bitte	
entschuldigt bitte	
ich lad' Dich ein	einladen
vielen Dank	danken

Diese Wendungen werden von den Schülern vor Durchführung des Unterrichtsmodells noch nicht aktiv beherrscht. Daneben sind die übrigen Wendungen des Unterrichtsmodells, die bereits aus vorhergehenden Lektionen bekannt sind, zu reaktivieren.

Textauswahl

Ausgangs- und Zwischentext entsprechen aus der Perspektive der Themen, Situationen, Textsorten und Sprechhandlungen – vgl. z. B. die Programmdiskussion deutscher und niederländischer Schüler mit den Sprechhandlungen *zustimmen, ablehnen, auffordern* usw. – den aktuellen deutschsprachigen Kommunikationsbedürfnissen der niederländischen Schüler und motivieren die Lerner daher zum Sprechen. Da die Dialoge außerdem ganz überwiegend der gesprochenen Standardsprache angehören und sprachlich keine hohen Anforderungen stellen – vgl. z. B. die Kürze der Sätze oder das Fehlen von Vergangenheitsformen –, eignen sich die Texte für unsere Zielgruppe.

Lernstoffbestimmung

Bei sämtlichen zu aktivierenden Wendungen handelt es sich um Mittel, die die Schüler noch nicht aktiv beherrschen, die lernerrelevante Sprachfunktionen abdecken, der gesprochenen Standardsprache angehören und die gebräuchlich sind. Da die Redemittel außerdem nicht register- bzw. textsortenspezifisch gebunden sind, eignen sie sich bei unserer Anfängergruppe zur Aktivierung.

Methodik

Übungs-Nr. bzw. Text	Lernphase	Übungsklasse	Übungstyp	Sozialform
Text 1	Aufnahme	./.	./.	Schüler hören den Dialog über Tonband
Ü 1	Festigung	Festigungsübung	Substitution	Reihung
Ü 2	Festigung	Festigungsübung	Substitution	Plenararbeit
Ü 3	Festigung	Festigungsübung	Substitution	Plenararbeit
Ü 4	Festigung	Festigungsübung	Substitution	Plenararbeit
Ü 5	Festigung	Festigungsübung	Substitution	Plenararbeit

Übungs-Nr. bzw. Text	Lernphase	Übungs-klasse	Übungstyp	Sozialform
Ü 6	Anwendung	Anwendungs-übung	dialogische Übung	Vierer-Gruppe
Ü 7	Anwendung	Anwendungs-übung	Erkennungs-übung	Einzelarbeit
Text 2	Aufnahme und Anwendung	⁒	⁒	Schüler hören den Dialog über Tonband
Ü 8	Festigung	Festigungs-übung	Transformation	Partnerarbeit
Ü 9	Festigung	Festigungs-übung	Substitution	Reihung
Ü 10	Anwendung	Anwendungs-übung	dialogische Übung	Dreier-Gruppe
Ü 11	Anwendung	Anwendungs-übung	Erkennungs-übung	Einzelarbeit
Ü 12	Anwendung	Anwendungs-übung	Redemittel-streifen-Übung	Dreier-Gruppe

Die Tabelle macht deutlich, daß die Motivationsstrategien und die Strategien zur Verbesserung des kursorischen Textverständnisses in das Modell nicht mitaufgenommen worden sind.

Der 2. Text dient im Sinne einer Anwendungsübung dem Überlernen bereits gefestigter Wendungen wie z. B. *da bin ich gegen* sowie der Einführung neuer Wendungen wie z. B. *ich lad' Euch ein.* Diese neuen Wendungen werden dann zunächst gefestigt und anschließend zusammen mit Wendungen aus dem ersten Text angewendet.

4.2 Unterrichtsmodell für die indonesische Sekundarstufe II (4. Semester)[35]

12B

Vermutung kennzeichnen
Notwendigkeit ausdrücken
Wille / Wunsch ausdrücken
Möglichkeit ausdrücken
Erlaubnis / Verbot ausdrücken
Fähigkeit ausdrücken

Das Schulwesen in Indonesien und in der Bundesrepublik

Sati Soedarto (17 Jahre) besucht das Hahn-Gymnasium in Köln.

Herr Soedarto (41 Jahre), Satis Vater, arbeitet bei der indonesischen Botschaft in Bonn.

Nina Steffens (17 Jahre) besucht das Hahn-Gymnasium in Köln.

Der Diskussionsleiter:
Dr. Jupp Gerighausen (43 Jahre),
Radio Deutschland/Köln.

Das ist Dieter Hollander (43 Jahre). Er arbeitet beim Goethe-Institut in Jakarta.

Reporter: Danke, daß Sie ins Funkhaus gekommen sind.
Sati, kann man Indonesiens SMA, also „Ihr“ Gymnasium, mit unserem Gymnasium vergleichen?

Sati: Natürlich kann man die vergleichen, aber man darf die Unterschiede nicht vergessen.

Nina: Die Unterschiede??

Sati: Wir müssen z. B. eine Aufnahmeprüfung für die SMA machen . . .

Dieter Hollander: Die mußten wir auch machen!

Nina: Aber das ist lange vorbei. Heute geht man in die Erprobungsstufe!

Yanto Soedarto: Übrigens muß man bei uns nicht nur eine Abschlußprüfung an der SMA machen, sondern wir müssen auch eine Aufnahmeprüfung an der Uni machen . . .

---

[35] Aus: *Kontakte Deutsch,* Lehrbuch 1, S. 241ff.

Sati: Wir müssen z. B. auch Schulgeld bezahlen, ca. Rp. 500–2000 im Monat.
Reporter: Können Sie das umrechnen? Das müssen doch ungefähr 2–8 DM sein?
Sati: Da können Sie recht haben, ich kenne den Kurs nicht.
Yanto Soedarto: Das stimmt, er hat recht. Haben wir die Unterschiede?
Sati: Nein, wir können die Schulfächer nicht so frei wählen wie hier und vor allem: Wir dürfen in der Schule nicht schmusen!
Dieter Hollander: Das ist ja interessant: Wir durften auch nicht schmusen, leider – ich wollte natürlich immer flirten! – Ja, und die Fächer konnten wir auch nicht selbst wählen und Schulgeld mußten wir natürlich auch zahlen: 25 DM im Monat.
Reporter: Wie meinen Sie das? Gehen Sie davon aus, daß die Änderungen für unsere Schul-Probleme von heute verantwortlich sind? –

(Auf die Frage können natürlich alle antworten!)

Ü 14 | •

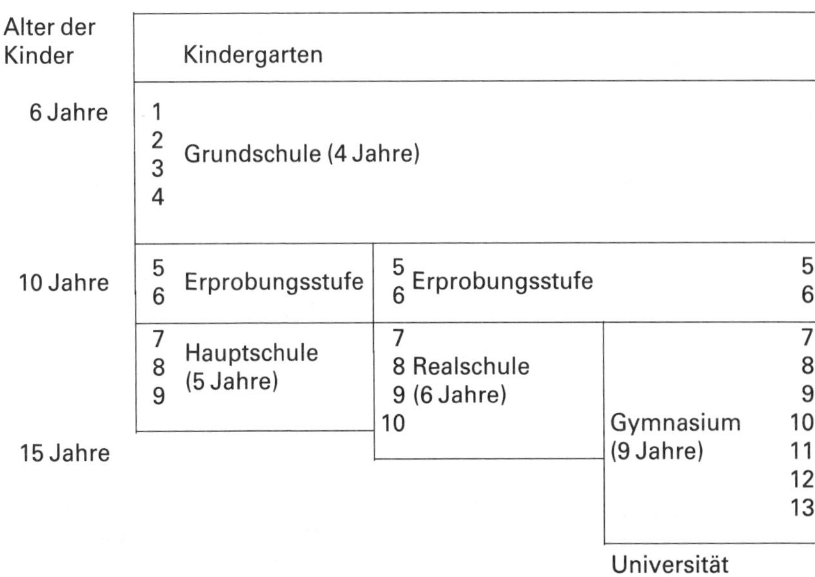

12B

Wie sieht euer Bildungswesen aus?

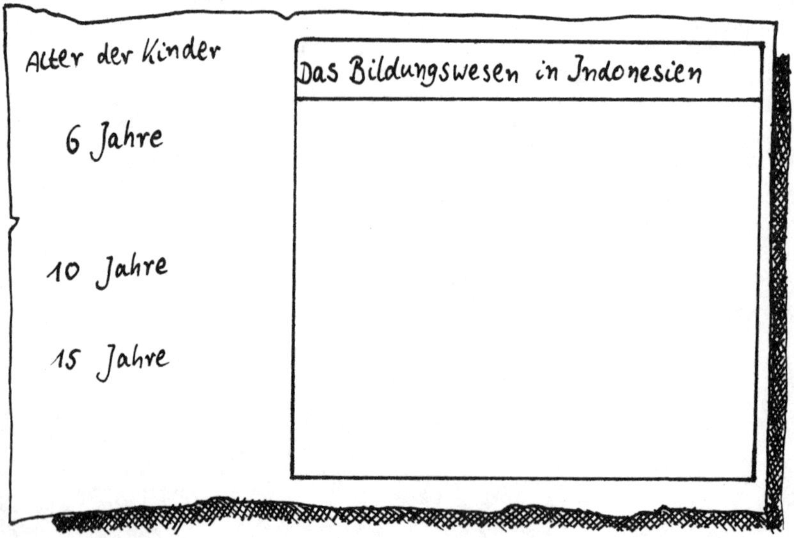

Ü 15

Gebt einen Bericht über die Unterschiede im deutschen und indonesischen Bildungswesen!

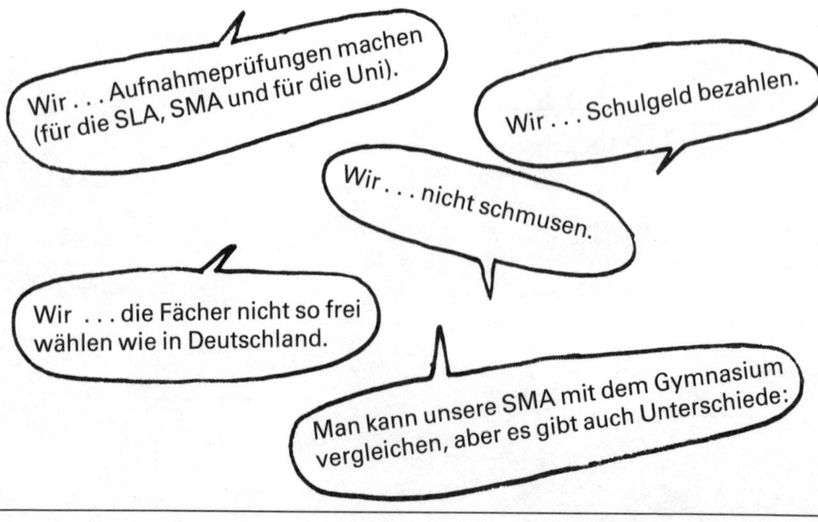

Ü 16	•

12B

Tragt die Modalverben aus Text B in die Tabelle ein!
Welche Verben drücken eine Vermutung aus?

Textstelle	Modalverb	Funktion
Beispiel: Natürlich kann man die vergleichen.	können	Möglichkeit

Nennt weitere Unterschiede, wenn ihr wollt, auf indonesisch.

Nehmen wir mit Hilfe einer Konferenzschaltung an dem Gespräch von Radio Deutschland teil:

Ü 17–22

Ü 17	•–•

Beispiel:

○ Herr Hollander – wieviel *Hausaufgaben* mußten Sie *pro Tag* machen?

• Ca. *drei Stunden.*
Wir mußten ca. *drei Stunden Hausaufgaben* machen.

• • • • •

Hausaufgaben machen	drei Stunden
Arbeiten schreiben	5 Arbeiten pro Monat
Schulgeld zahlen	ca. DM 25,– pro Monat
Sprachen lernen	Drei Sprachen (Latein, Englisch, Französisch)

12B

•

Das Präteritum

Wir mußten ca. drei Stunden Hausaufgaben machen.

Das t signalisiert die Vergangenheit.

ich	muß	t e	ebenso:	ich wollte
du	muß	t est		ich mochte
er	muß	t e		ich konnte
wir	muß	t en		ich durfte
ihr	muß	t et		
sie	muß	t en		

Ü 18 | •–•

ohne Entschuldigung fehlen
eine Freundin haben
mit den Mädchen sprechen
den Schulhof verlassen
ungefragt sprechen

Beispiel

o Durfte man damals *ohne Entschuldigung fehlen?*

• < Nein.
Ja, man konnte *zweimal ohne Entschuldigung* fehlen.

•••••

Ü 19

Beispiel

o Warum haben Sie das Gymnasium besucht?

• < Ich wollte *Medizin* studieren.
Ich wollte *Arzt* werden.

•••••

Medizin	Arzt
Englisch	Lehrer
Französisch	Redakteur
Deutsch	Journalist
Geschichte	Lehrer
. . . . . .	. . . . .

Ü 20 | •–•

12B

Beispiel

Sekolah Dasar
SLP*
SLA**/SMA

* Mittelschule
** Oberschule

○ Sati – wieviel Hausaufgaben mußtest du in der *Sekolah Dasar (Grundschule)* pro Tag machen?

● < Ca. *zwei* Stunden.
Ich mußte ca. *zwei* Stunden Hausaufgaben machen.

•••••

Ü 21 | •–•

Beispiel

○ Durftest du in der *Sekolah Dasar* ungefragt sprechen?

● < Nein.
Ja, man konnte/durfte ungefragt sprechen.

•••••

Ü 22

Vermutung kennzeichnen

Beispiel

○ Wie viele Arbeiten müßt ihr noch in *Deutsch* schreiben?

● Das müssen noch *drei* sein.

○ Da kannst du recht haben.

•••••

Deutsch	Indonesisch
Englisch	Geschichte
Mathe	. . . . .

12B

Ü 23

Nehmt bitte Herrn Hollander ins Kreuzverhör!

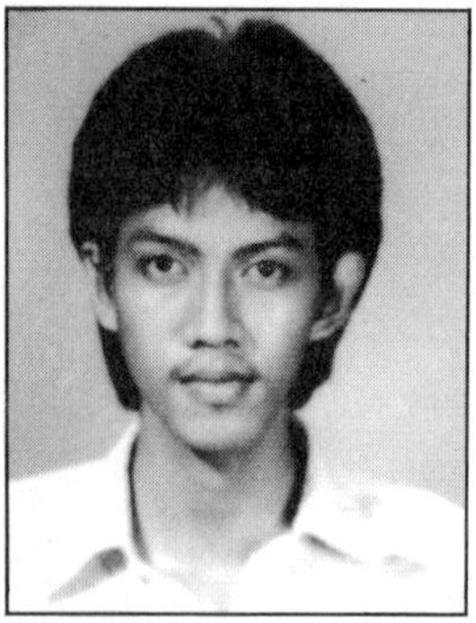

○ Herr Hollander – waren Sie mit der Schule zufrieden?

● Zufrieden? ja.

▲ Sie waren also immer glücklich?

● Nein, das nicht.

○ Wann waren Sie zum Beispiel nicht glücklich?

● Ja – zum Beispiel, wenn ich die Hausaufgaben nicht machen ....., oder wenn wir zuviel Hausaufgaben machen .....

▲ ..... Sie in der Schule mit ihrer Freundin schmusen?

● Nein – natürlich nicht.
Manchmal ..... wir flirten. Aber schmusen? Wir ..... natürlich auch gern schmusen!

○ Wann waren Sie besonders glücklich? Wenn Sie eine Zwei geschrieben haben oder wenn Sie die Lehrer ärgern .....?

• Wenn ich eine Zwei geschrieben habe.
• Wenn ich die Lehrer ärgern .....!!

Ü 24

Wer spricht hier? Sati Soedarto, Dieter Hollander oder Herr Soedarto?

Wir . . . früher etwas lernen. Wir . . . weiterkommen!

Heute . . . die Schüler nicht mehr lernen, sie . . . keine Hausaufgaben mehr machen. Wir . . . z. B. pro Tag drei Stunden Hausaufgaben machen. Heute macht man vielleicht noch eine Stunde Hausaufgaben.

Wir . . . noch drei Sprachen lernen: Lateinisch, Englisch und Französisch. Heute lernt man nur noch eine oder zwei Sprachen, und die . . . man auch nicht fließend sprechen.

Unsere Schule war streng: Wir . . . z. B. nicht ohne Entschuldigung fehlen oder ungefragt sprechen. Deshalb . . . wir auch etwas lernen und weiterkommen.

Die Änderungen an der „Schule von gestern" – man . . . heute z. B. keine Hausaufgaben mehr machen, man . . . ungefragt sprechen usw. – sind dafür verantwortlich, daß die Schüler von heute nicht lernen . . . und nicht mehr weiterkommen.

12B

o Wer spricht hier?

• Das muß Sati sein. / Herr Hollander sein. / Herr Soedarto sein.

← Der Schüler von heute

o Ist das der Schüler aus dem Bericht?

• ↗ Nein. ↘ Ja.

o Hat der Sprecher bei dem Gespräch von Radio Deutschland zugehört?

• ↗ Nein. ↘ Ja.

o Was sieht der Sprecher falsch?

• . . . . .

Arbeitsaufgaben

Bestimmen Sie bitte wieder das *Sprechfertigkeitslernziel* des Unterrichtsmodells und überprüfen Sie – wieder mit Hilfe der Kriterienkataloge auf S. 65 ff. – die Lernerangemessenheit der *Textauswahl* und der *Lernstoffbestimmung!*

Legen Sie bitte anschließend für den Lernweg wieder folgende Tabelle an:

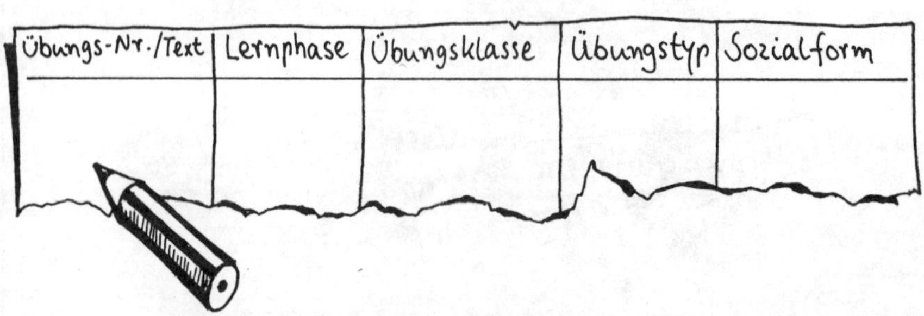

Lösungen

Didaktik

Sprechfertigkeitslernziele

Fähigkeit zum situationsadäquaten Einsatz der folgenden Modalverben:

Wendungen		*Sprechintentionen*
müssen	im Präteritum	Notwendigkeit oder Vermutung ausdrücken
dürfen		Erlaubnis ausdrücken
können		Fähigkeit/Möglichkeit oder Vermutung ausdrücken
wollen		Wille/Wunsch ausdrücken

Neben diesem Hauptlernziel sind selbstverständlich wieder die übrigen Wendungen des Unterrichtsmodells, die bereits aus vorhergehenden Lektionen bekannt sind, zu reaktivieren.

Textauswahl

Mit dem Interview von Radio Deutschland zu dem Thema „Schulwesen in Indonesien und in der Bundesrepublik" sowie mit den Sprechintentionen *Notwendigkeit bzw. Vermutung ausdrücken usw.* entsprechen der Text und mit der „Konferenzschaltung" die Übungssituation voll den aktuellen deutschsprachigen Kommunikationsbedürfnissen der indonesischen Schüler. Da für den Schüler also vorstellbar ist, daß er *morgen* selbst in diese Situation kommt, und da der Text der gesprochenen Standardsprache angehört, eignet er sich für indonesische Gymnasiasten.

Lernstoffbestimmung

Bei sämtlichen zu aktivierenden Modalverben handelt es sich wieder um Mittel, die die Schüler im Präteritum noch nicht aktiv beherrschen, die lernerrelevante Funktionen abdecken, der gesprochenen „neutralen" Standardsprache angehören und äußerst gebräuchlich sind.

Mit einem Wort: Die Modalverben *müssen* aktiviert werden.

Übungs-Nr. bzw. Text	Lernphase	Übungs-klasse	Übungstyp	Sozialform
Text	Aufnahme	./.	./.	Schüler hören den Dialog über Tonband
Ü 14	Aufnahme	Grobverstehensübung	Tabelleneintrag	Einzelarbeit
Ü 15	Aufnahme	Grobverstehensübung	Zusammenfassung durch den Schüler	Plenararbeit
Ü 16	Aufnahme	Ü. zur grammatischen Bewußtmachung	Erkennungsübung	Einzelarbeit
Ü 17	Festigung	Festigungsübung mit gram. Bewußtmachung	Transformation	Partnerarbeit
Ü 18	Festigung	Festigungsübung	Transformation	Partnerarbeit
Ü 19	Festigung	Festigungsübung	Transformation	Plenararbeit
Ü 20	Festigung	Festigungsübung	Transformation	Partnerarbeit
Ü 21	Festigung	Festigungsübung	Transformation	Partnerarbeit
Ü 22	Festigung	Festigungsübung	Transformation	Plenararbeit
Ü 23	Anwendung	Anwendungsübung	dialogische Übung	Dreiergruppe
Ü 24	Anwendung	Anwendungsübung	1. Teil: monolog. Ü. 2. Teil: dialog. Ü.	Plenararbeit

Im Rahmen der Übungen zur *grammatischen Bewußtmachung* (Ü 16 und Ü 17) werden die Funktionen der Modalverben erarbeitet, und wird die Bildung des Präteritums erklärt.

Die Bewußtmachung folgt dabei den Prinzipien einer didaktischen Grammatik:

Prinzipien der grammatischen Bewußtmachung	
Strukturmerkmale	**Kommentar**
1. *Didaktischer Ort* am Anfang bzw. in der Übungsphase 2. *Art und Weise der Bewußtmachung* gelenkte Selbstentdeckung	Damit ist garantiert, daß die Lerneinheit – hier die Modalverben im Präteritum – bereits mehrfach rezipiert worden ist, bevor ihre Funktion und Form explizit bewußt gemacht werden. Der Lerner ist daher zu motivierter Hypothesenbildung bereit.
3. *Darstellungstechnik* konzentrische Visualisierung mit zusätzlicher verbaler Interpretation.	Im Gegensatz zur linearen Darstellung wird die Lernschwierigkeit also nicht auf einmal erschöpfend dargestellt, sondern in mehreren Durchläufen allmählich vervollständigt. In dieser Lektion wird nur die Bildung des Präteritums der Modalverben behandelt. In einer Folge-Lektion wird dann die Präteritum-Bildung der regelmäßigen und unregelmäßigen Verben erklärt.
4. *Lehrstoff-Auswahlprinzip* Mitberücksichtigung der Form- und Bedeutungsebene der Wendungen sowie gegebenenfalls der Kommunikationsstrategien.	Besonders die Teilbereiche werden bewußt gemacht, bei denen zu erwarten ist, daß der Lerner die strukturellen Regularitäten (Muster) nicht oder nur schwer selbständig ableiten kann, bei denen also Induktionshemmungen bzw. Fehler auftreten.

4.3 Unterrichtsmodell für die indonesische Sekundarstufe II (6. Semester)[36]

8A

Bettina Wegner

[36] Die Lernzielbestimmungen finden sich in den Programmen niederländischer Pädagogischer Hochschulen mit einer DaF-Lehrerausbildung von 1979.

Was ich noch sagen will

8A

Was ich noch sagen will:
Sei nicht so lau und still
wenn was zu sagen wär'
hab doch nicht solche Angst
daß man dir übelnimmt
wenn deine Haltung stimmt.
Und laß dich nicht bekehrn
daß Schweigen leichter ist
man läßt dabei Gesicht.

. . . . .

Erinnerst du dich noch
als du zur Schule gingst
und so in Mathe hingst
da hast du dir gedacht:
Jetzt bin ich lieber still
weil ich mein Abi will.
Dann fing dein Studium an
du hieltest dich zurück
verlorst dich Stück für Stück.
Zwar hast du noch gesagt:
Mensch, wenn ich fertig bin
hat die Kritik erst Sinn.
Nun bist du im Betrieb
ernährst dich selber und
hältst immer noch den Mund.
Nur, wenn es keiner hört
dann sagst du, was dich stört
und was man ändern muß.
Nur tief in deinem Kopf
sitzt der, der wütend grunzt.
Ich habe Angst um uns.

Denn irgendwann einmal
kann sein, daß man vergißt
was Recht und Unrecht ist
daß man vergessen hat
wie ein Mensch leben muß
und hat es doch gewußt.
Wenn du so ruhig sitzt
obwohl du sicher bist
daß was zu machen ist.
Und du die Schnauze hältst
obwohl du sicher bist
daß was zu sagen ist!

1977

Quelle: Bettina Wegner: *Wenn meine Lieder nicht mehr stimmen,* rororo 4399, Rowohlt Taschenbuch Verlag GmbH, Reinbek bei Hamburg 1979.

8A

Ü 1

Was sagen Ihnen
- die Überschrift,
- das Foto und
- die Textsorte (Song)

über den Inhalt des Songs?

Ü 2 •

Ü 1 hat gezeigt, daß wir noch nichts Genaues über den Inhalt des Songs sagen können.
Wir müssen daher unser Schema zur Ermittlung des Hauptinhalts ohne das Inhalts-/Thema-Kriterium benutzen:

Suchen Sie also in dem Song

- alle Wörter aus der Überschrift
- alle verneinten Angaben (mit *nicht, kein* usw.)
- alle betonten Angaben (mit *vor allem, sehr* usw.)
- alle Zahlen-, Orts- und Zeitangaben!

Worthilfen

bekehren = menyangkal
Abi = Abitur
fertig = tamat sekolah/studi
Betrieb = perusahaan
Recht = kebenaran
Schnauze halten = tutup mulut

Ob Sie den Hauptinhalt gefunden haben, zeigt Ihnen Ü 3!

Ü 3 •

Ergänzen Sie bitte die Tabelle!

	in der Schule	im Studium	im Betrieb
VERHALTEN	Beispiel: ich bin still		
GRUND FÜR DAS VERHALTEN			

Gefahr des Verhaltens: [ ]

Wenn Sie die Tabelle richtig ergänzen können, zeigt das, daß unser Schema (Ü 2) auch ohne das Inhalts-/Thema-Kriterium funktioniert!

Ü 4	

Lesen Sie noch einmal die unterstrichenen Sätze und sagen Sie, warum die Sätze unterstrichen sind!

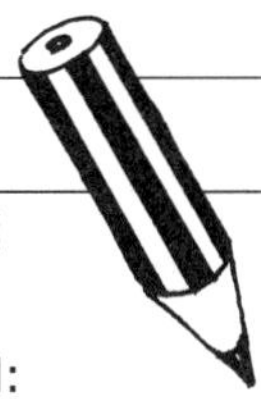

Text	Kommentar
Was ich noch sagen will	
Was ich noch sagen will:	Angabe aus der Überschrift
Sei nicht so lau und still	
wenn was zu sagen wär'	
hab doch nicht solche Angst	
daß man dir übelnimmt	
wenn deine Haltung stimmt.	
Und laß dich nicht bekehrn	
daß Schweigen leichter ist	
man läßt dabei Gesicht.	
Erinnerst du dich noch	
als du zur Schule gingst	
und so in Mathe hingst	
da hast du dir gedacht:	
Jetzt bin ich lieber still	
weil ich mein Abi will.	
Dann fing dein Studium an	
du hieltest dich zurück	
verlorst dich Stück für Stück.	
Zwar hast du noch gesagt:	
Mensch, wenn ich fertig bin	
hat die Kritik erst Sinn.	
Nun bist du im Betrieb	
ernährst dich selber und	
hältst immer noch den Mund.	
Nur, wenn es keiner hört	
dann sagst du, was dich stört	
und was man ändern muß.	
Nur tief in deinem Kopf	
sitzt der, der wütend grunzt.	
Ich habe Angst um uns.	

8A

Text	Kommentar
Denn <u>irgendwann einmal</u>	
<u>kann sein, daß man vergißt</u>	
<u>was Recht und Unrecht ist</u>	
daß man vergessen hat	
wie ein Mensch leben muß	
und hat es doch gewußt.	
Wenn du so ruhig sitzt	
obwohl du sicher bist	
daß was zu machen ist.	
<u>Und du die Schnauze hältst</u>	
<u>obwohl du sicher bist</u>	
<u>daß was zu sagen ist!</u>	
1977	

Angabe aus der Überschrift

Zeitangabe

verneinte Angabe

betonte Angabe

Ü 5	•

Tragen Sie bitte die Ableitungen und Cognates aus den unterstrichenen Sätzen in die Tabelle ein!

ABLEITUNGEN

Beispiel	Bildung	Erklärung
Schweigen	Verbstamm + -en	
	un- + Substantiv	

COGNATES

Deutsch	Indonesisch

Ü 6 •

Tragen Sie bitte die Konnektoren aus den unterstrichenen Sätzen in die Tabelle ein!

Konnektor	Signal für	Beispiel
wenn	Bedingung/syarat	wenn was zu sagen wär
und	Konjunktion / kata penghubung	
als	Gleichzeitigkeit / ketina	
weil	Grund, Ursache / alasan	
dann	Folge / kelanjutan	
nun	Gegenwartsbezug / waktu sekarang	
denn	Grund, Ursache / alasan	
und	Gleichzeitigkeit / kebersamaan dalam waktu	
obwohl	Opposition / pertentangan	

8A

Ü 7	

Ergänzen Sie bitte das Diagramm!

Ⓐ Gründe für das Stillsein

Ⓑ Der von dem Song Angesprochene ist still und sagt nicht seine Meinung.

Ⓒ Gefahren des Stillseins

1 Man vergißt, was Recht und Unrecht ist.

2 Schweigen ist leichter.

3 *Er ist lau und still.

4 *Er vergißt, wie ein Mensch leben muß.

5 *Er wollte sein Abi.

6 Kritik hat erst im Beruf Sinn.

7 *Er hat Angst, etwas zu sagen.

*Er = Kepada siapa lagu ditujukan

8A

Ü 8

Wer sagt was?
Es geht natürlich um den Song!

Jan

Tuti

5 Klasse – und du, findest du ihn auch gut?

7 Vergeßt nicht, daß wir hier in Indonesien sind. Wir haben doch das *Rukun*.

11 Im Gegenteil – man kann doch seine Meinung nicht so direkt sagen.

3 Ihr scheint eure Meinung also mehr indirekt zu sagen!?

2 Genau.

8 Aber warum denn nicht?

8A

10 Warum denn nicht?

4 *Rukun* heißt „in Harmonie leben“: man sagt also nicht so direkt, was man denkt, man sagt z. B. nicht direkt „nein“ .....

6 Weil man dem anderen nicht weh tun will.

7 *Toll – der Song!*

9 Was meinst du damit?

Ü 9	⌑

Hier ist ein Lösungsvorschlag für Ü 8. Führen Sie bitte das Gespräch und suchen Sie dabei für die unterstrichenen Wendungen Varianten!

○ Toll – der Song.
● Klasse – und du, findest du ihn auch gut?
△ Im Gegenteil – man kann doch seine Meinung nicht so direkt sagen.
○ Warum denn nicht?
□ Vergeßt nicht, daß wir hier in Indonesien sind.
Wir haben doch das *Rukun.*
○ Was meinst du damit?
□ *Rukun* heißt „in Harmonie leben“: Man sagt also nicht so direkt, was man denkt, man sagt z. B. nicht direkt „nein“ .....
● Aber warum denn nicht?
□ Weil man dem anderen nicht weh tun will.
○ Ihr scheint eure Meinung also mehr indirekt zu sagen!?
△ Genau.

Wenn Sie Hilfe brauchen, hier sind einige Vorschläge:

Was willst du damit sagen?

Großartig

Weil ich finde, daß man seine Meinung nicht so direkt sagen kann.

Denk daran, daß . . .

Stimmt

Wunderbar

Anscheinend

Gut, aber . . .

Ü 10

Es gibt viele Verhaltensunterschiede zwischen Indonesiern und Deutschen. Helfen Sie den Deutschen! Erfinden Sie Mini-Dialoge!

8A

Ü 11

Hier ist ein Lösungsvorschlag für Ü 10 .
Führen Sie bitte die Dialoge, und suchen Sie dabei für die unterstrichenen Wendungen Varianten!

1 ○ Hallo, du!
● Ja?
○ Das geht nicht, was du da machst.
● Warum denn nicht?
○ Das Wasser brauchen doch alle!
● Das ist aber komisch. Entschuldigung.
○ Du brauchst dich nicht zu entschuldigen.

2 ○ He, du!
- ● Was ist?
- ○ Das geht doch nicht mit dem Peci (Peci = indonesischer Hut).
- ▲ Es ist besser, wenn du das läßt.
- ● Entschuldigung.
- ▲ Das macht nichts.

3 ○ He, du – hast du das noch nicht gehört? Das geht nicht – mit deiner linken Hand.
- ● Stimmt – das ist hier „verboten"!
- ▲ Warum denn? Kannst du mir das bitte erklären?
- ● Klar: Die linke Hand ist für uns schmutzig!
- ■ Das ist nicht so schlimm, du bist doch Ausländer!

Worthilfen:

Genau
weil
Das ist aber merkwürdig.
Wieso
bitte
Hast du das noch nicht gelesen?
Es ist nicht nötig, daß .....
Das ist nicht so schlimm.
Das ist hier nicht erlaubt.
Das ist doch viel zu unsauber, was .....
Besser .....

Ü 12 •

Tragen Sie bitte die passenden Redemittel aus Ü 11 in die Tabelle ein!

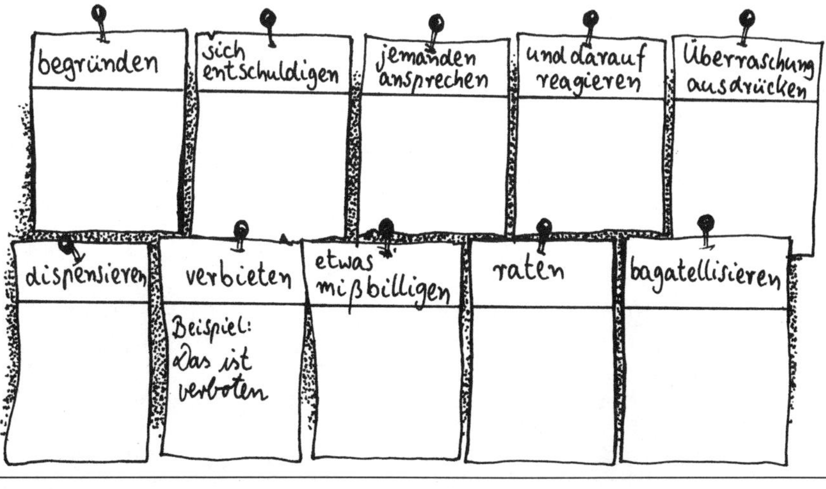

8A

Ü 13	⌑

Führen Sie bitte das Gespräch über den Protestsong *Das Jahr 2000* des indonesischen Bimbo-Trios.

Rollenkarte 1

Sie sind Deutscher und

– fragen, ob es keine Protestsänger in Indonesien gibt.

– Sie fragen nach den Absichten des Staates – bei der Bevölkerungsexplosion.

Rollenkarte 2

Sie sind Indonesier und

– bejahen die Frage; Sie sagen, daß es ein Trio gibt, und drücken aus, daß Sie den Namen vergessen haben.

– Sie stimmen zu, daß das Trio „Bimbo-Trio" heißt.

– Sie stimmen zu, daß es um die Bevölkerungsexplosion geht, und nennen kurz den Hauptinhalt des Songs.

Rollenkarte 3

Sie sind Indonesier und

– nennen den Namen des Trios (Bimbo-Trio).

– Sie nennen das Transmigrasi-Programm.

– Sie sagen, daß das Transmigrasi-Programm machbar ist, und billigen es.

Rollenkarte 4

Sie sind Deutscher und

– drücken die Vermutung aus, daß es bei dem Song des Trios um die Bevölkerungsexplosion geht.

– Sie fragen, ob das Transmigrasi-Programm machbar ist.

8A

Wenn Sie wollen, können Sie sich auf die Wendungen stützen:

Genau

denn (im Fragesatz)

Das ist in Ordnung.

Der Name fällt mir nicht ein.

Was hat der Staat vor zu tun?

Das geht.

doch (bejahend)

Das stimmt.

Ich kann mir vorstellen .....

Ist das denn machbar?

Arbeitsaufgaben

Legen Sie bitte für den Lernweg wieder folgende Tabelle an:

Übungs-Nr./Text	Lernphase	Übungsklasse	Übungstyp	Sozialform

Achten Sie bitte dabei darauf, daß in der ersten Hälfte dieses Entwurfs das Leseverstehen im Zentrum steht. Stützen Sie sich für das *Leseverstehen* bitte auf folgende Übungsklassen und Übungstypen (vgl. dazu auch S. 83 ff.).

Übungsklassen	Übungstypen
Grobverstehens-Ü	– Tabelleneintrag – Ü zur Hypothesenbildung über den Textinhalt – Zuordnung von Nebeninformationen zu Hauptinformationen – Ü zum Erschließen des „roten Fadens" mit Hilfe eines Algorithmus
Erschließungs-Ü für Einzelwörter	– Ü zum Erschließen von Einzelwörtern mit Hilfe von Ableitungen – Ü zum Erschließen von Einzelwörtern mit Hilfe von Cognates
Erschließungs-Ü für Satzteile	– Ü zum Erschließen von Satzteilen mit Hilfe von Konnektoren.

Lösung

Übungs-Nr. bzw. Text	Lernphase	Übungsklasse	Übungstyp	Sozialform
Text (Song)	Aufnahme	./.	./.	Zur 1. Motivation Hören des Songs
Ü 1	Aufnahme	Grobverstehens-Ü	Ü zur Hypothesenbildung über den Textinhalt	Plenararbeit
Ü 2	Aufnahme	Grobverstehens-Ü	Ü zum Erschließen des „roten Fadens" mit Hilfe eines Algorithmus	Einzelarbeit

Übungs-Nr. bzw. Text	Lernphase	Übungsklasse	Übungstyp	Sozialform
Ü 3	Aufnahme	Grobverstehens-Ü	Tabelleneintrag	Einzelarbeit
Ü 4	Aufnahme	Grobverstehens-Ü	Ü zum Erschließen des „roten Fadens" mit Hilfe eines Algorithmus	Plenararbeit
Ü 5	Aufnahme	Erschließungs-Ü für Einzelwörter	Ü zum Erschließen von Einzelwörtern mit Hilfe von Ableitungen + Cognates	Einzelarbeit
Ü 6	Aufnahme	Erschließungs-Ü für Satzteile	Ü zum Erschließen von Satzteilen mit Hilfe von Konnektoren	Einzelarbeit
Ü 7	Aufnahme	Grobverstehens-Ü	Zuordnung von Nebeninformationen zu Hauptinformationen	Plenararbeit
Ü 8	Anwendung	Anwendungs-Ü	Redemittelstreifen-Ü	Vierergruppe
Ü 9	Anwendung	Anwendungs-Ü	Paraphrasen-Ü	Vierergruppe
Ü 10	Anwendung	Anwendungs-Ü	Sprechintentionsstreifen-Ü	Vierergruppe
Ü 11	Anwendung	Anwendungs-Ü	Paraphrasen-Ü	Vierergruppe
Ü 12	Anwendung	Anwendungs-Ü	Erkennungs-Ü	Einzelarbeit
Ü 13	Anwendung	Anwendungs-Ü	Rollenkarten-Ü	Vierergruppe

In diesem Unterrichtsmodell entfällt die *Festigungsphase,* da sämtliche Wendungen aus den Anwendungsübungen bereits in vorhergehenden Lektionen gefestigt worden sind.

4.4 Unterrichtsmodell für niederländische Erwachsene

Autounfall

Circa zweiminütiges Vorspielen eines *Tonbands* mit starken Fahrgeräuschen und der Hintergrundmusik ,,Cowboy-Rocker" von Udo Lindenberg.[37]

Wenn die Lerner sich ungeduldig und gespannt nach dem Sinn dieser Aufnahme im Unterricht fragen, gehen die Fahr- in Unfallgeräusche über, und damit wird das Vorspielen abgebrochen. Anschließend werden folgende *Lehrerfragen* gestellt und *Lehrerkommentare* gegeben (∗ = Lehrer, o = mögliche Schülerantworten).

∗ Um welche Geräusche handelt es sich am Anfang?
o (Fahrgeräusche)

∗ Von welchem Fahrzeug?
o (Auto)

∗ Und der Knall zum Schluß?
o (Unfall)

∗ Ein Autounfall ist passiert!
Wie schnell ist der Wagen wohl gefahren?
o (?)

∗ Das ist schwer zu schätzen. Auf jeden Fall *ziemlich*[38] schnell.
Wie ist es wohl zu dem Unfall gekommen?
Was meinen Sie?
o .....

∗ Ich kann mir noch folgendes vorstellen:
1. Der Fahrer ist zu schnell in die Kurve gegangen und hat *die Kontrolle über* den Wagen *verloren.*[38]
2. Denkbar ist auch, daß das Auto zu alt ist und daß z. B. die Bremsen *versagt*[38] haben.

∗ Wann hatten *Sie* eigentlich Ihren *letzten* Unfall, Frau/Herr .....?
o .....

∗ Können Sie sich auch hinter den versagenden Bremsen verstecken, oder haben Sie ganz einfach nicht aufgepaßt?
Hat also weniger das Auto, sondern eher der Fahrer versagt?
o .....

∗ Bei Nässe verliert man leicht die Kontrolle über seinen Wagen.
Wie reagiert man dann am besten?
o .....

---

[37] Song von Udo Lindenberg, enthalten auf der Langspielplatte *Ball Pompös,* Udo Lindenberg, Teldec ,,Telefunken Deca" Schallplatten GmbH, 1974. Musik und Text: Udo Lindenberg. © 1974 by Roba Music Verlag GmbH, Hamburg 13.

[38] Bei diesen Wendungen handelt es sich um Schlüsselwörter, die vom Lehrer semantisiert werden.

* Ich kann Ihnen noch einen Vorschlag machen:
Was halten Sie von dieser Reaktion?

Anschließend erfolgt die Tonbandpräsentation des Textes ,,Glück gehabt" aus dem Lehrbuch von *Braun, Nieder, Schmöe, Deutsch als Fremdsprache, Stuttgart 1969.*
In der *Festigungsphase* werden dann folgende Wendungen bzw. Strukturen aus dem Text geübt:
- *Hinterher läßt sich leicht reden . . .,*
- *ziemlich,*
- *zum . . .* (z. B. *Lachen) bringen,*
- *versagen,*
- *die Kontrolle verlieren über . . .*

Diese Wendungen werden dann mit Hilfe folgender Übungen noch einmal angewendet und überlernt:

Ü 1

Amsterdam im März 1980: Barrikaden, aufgerissene Straßen, Kämpfe zwischen ,,Krakern", also Hausbesetzern, und der Polizei. Die Presse sprach bereits von Krieg (Hochhalten eines entsprechenden Pressebildes und -artikels). Ein Deutscher fragt Sie zu dem Thema!

○ Von Krieg zu sprechen ist sicher *ziemlich* übertrieben – wie ernst war die Lage denn nun wirklich?
● . . . . .
○ Bestand zu irgendeinem Zeitpunkt für die Polizei die Gefahr, *die Kontrolle* über die Hausbesetzer *zu verlieren?*
△ . . . . .
○ War der Panzereinsatz wirklich notwendig oder sehen Sie darin ein *Versagen* der Polizei?
□ . . . . .
○ Hat man den Hausbesetzern eigentlich Angebote gemacht, um sie *zum* Aufgeben *zu bringen?*
● Nein, weil . . . . .
○ *Hinterher läßt sich leicht reden,* aber der Konflikt wäre sicher bei sinnvollen Angeboten ohne Gewalt lösbar gewesen.
△ . . . . .

Ü 2

Die Pressemeldung *Krieg in Amsterdam* hat Sie stark beunruhigt. Auf dem Weg vom Amsterdamer Hauptbahnhof zu Ihren Geschäftsfreunden gibt es in der Straßenbahn – auch zwischen Fremden – nur ein Thema: den Konflikt mit den Krakern. Sie schalten sich in ein Gespräch mit Deutschen ein:

- Wie ich höre, waren Sie dabei. Das Pressegeschrei von Krieg ist sicher *ziemlich* übertrieben – wie ernst war die Lage denn nun wirklich?

Führen Sie das Gespräch mit Ihren Nachbarn! Verwenden Sie dabei die Fragen aus Ü 1!

Ü 3 | ⌘

Kommentarloses Vorspielen des Lindenberg-Songs:

COWBOY-ROCKER[39]

Charles Bronson:
„Hey Baby, steig' auf, laß' uns beide, du und ich, laß uns jetzt nach Las Vegas reiten, die Sonne putzen!"

Das Mädchen:
„Willst du mich anmachen, oder was ist hier los, Alter?
Das einzig Starke an dir ist deine Moto Guzzi,
Aber sonst bist du ja so ein Fuzzy!"

Und der Präsident meint: „Hör mal, Mann,
Mach meinen Engel nicht an,
Sonst kriegst du dermaßen was in die Schnauze .....!"

Nutzen Sie die nächsten Minuten, um mit Ihrem Nachbarn über das Lied und Ihren Lehrer zu „plaudern", um – wenn Sie wollen – sich Ihren Ärger von der Leber zu reden.

○ Also – ich finde den Song *ziemlich* unmöglich .....

● Nicht zum Anhören – was will der Strauss denn eigentlich mit diesem *Versager?* Etwas anderes ist der Lindenberg doch wirklich nicht ..... (Kritik an allen Songs!)

△ Was er damit will? Uns „motivieren" und *zum* Sprechen *bringen* ..... (Ablehnung!)

□ *Zum* Sprechen *bringen* – mit diesem Song, daß ich nicht lache!
..... (Bestätigung der Ablehnung)

* Eins muß man wirklich zugeben: Uns noch abends für den Unterricht zu motivieren ist *ziemlich* schwer, und: *Hinterher läßt sich leicht reden!!*

Arbeitsaufgaben

Adressaten dieses Unterrichtsentwurfs sind erwachsene Niederländer, die bereits einen zwölfmonatigen DaF-Kursus zu 4 Stunden pro Woche absolviert haben.

Bestimmen Sie bitte wieder das *Sprechfertigkeitslernziel* und beurteilen Sie die *Lernstoffbestimmung* auf Lernerangemessenheit.

---

[39] Udo Lindenberg, a.a.O.

Anschließend ist wieder die Tabelle auszufüllen:

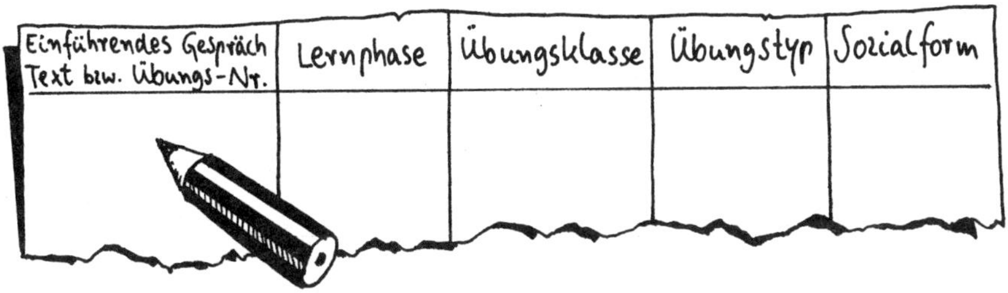

Lösungen

Sprechfertigkeitslernziel

Fähigkeit zum situationsadäquaten Einsatz der folgenden Redemittel:
- hinterher läßt sich leicht reden,
- ziemlich,
- zum . . . . . (z. B. Lachen) bringen,
- versagen,
- die Kontrolle verlieren über/A.

Vgl. weiter die Lernzielbestimmung auf S. 104, die hier sinngemäß gilt!

Lernstoffbestimmung

Nur die Redemittel des Textes werden aktiviert, die die Lerner nicht aktiv beherrschen, die für sie funktional relevant sind, die der gesprochenen Standardsprache angehören und die gebräuchlich sind. Da das Redemittel des Ausgangstextes *die Herrschaft über den Wagen verlieren* wenig gebräuchlich ist, wird das gebräuchlichere *die Kontrolle verlieren über* eingeübt.

Einführendes Gespräch/ Text bzw. Übungs-Nr.	Lernphase	Übungsklasse	Übungstyp	Sozialform
Einf. Gespräch	Aufnahme	situativ-thematisch orientierte Motivationsstrategien Schlüsselwort-orientierte Motivationsstrategien	Einf. in Thema und Situation/ Problematisierung/Übertragung auf den Lerner Vorgabe der nicht erschließbaren Schlüsselwörter	Plenararbeit
Text	Aufnahme	./.	./.	Schüler hören den Text über Tonband
Ü 1	Anwendung	Anwendungs-Ü	dialogische Ü	Vierergruppe
Ü 2	Anwendung	Anwendungs-Ü	dialogische Ü	Vierergruppe
Ü 3	Anwendung	Anwendungs-Ü	dialogische Ü	Vierergruppe

5 Begründung der methodisch-didaktischen Teile mit Literaturangaben zur Weiterarbeit

5.1 Begründungsteil

Mustert man unsere Vorschläge für die Lernwegorganisation von den Motivationsstrategien über die Festigungs- bis hin zu den Anwendungsübungen vor dem Horizont der vorhandenen DaF-Lehrbücher bzw. der entsprechenden fachdidaktischen Literatur, springen aus der Sprechfertigkeitsperspektive sofort drei Punkte ins Auge, die bei uns zentral stehen und in der genannten Fachliteratur entweder gar nicht bzw. nur am Rande oder kontrovers diskutiert werden: drei Problembereiche also, die näher beleuchtet und begründet werden müssen. Sie haben die drei Punkte vielleicht schon erraten, es handelt sich um

- die *Charakterisierung der Kommunikationssituation,* die bisher in der didaktischen Forschung nur am Rande diskutiert worden ist,
- den *Wiederholungsmodus,* der zu heftigen Kontroversen bis hin zu der „Holzhammerantinomie von gehäufter versus verteilter Wiederholung" geführt hat sowie um
- die *grammatische Bewußtmachung,* bei der vor allem die Darstellungstechnik – lineare Deskription versus konzentrische Visualisierung – sowie das Lernstoffanordnungsprinzip umstritten sind.

Zur Kommunikationssituation

Warum also wird in der Übungsgrundstruktur (S. 50 ff.) bedingungslos verlangt, daß der Lerner weiß, mit *wem* er spricht und *wie öffentlich* sein Gespräch ist? Und weiter: in welchen *Kontexten* er sich bewegt und welchen *Sprachregistern* die Äußerungen angehören?

Beantworten wir die Fragen mit Hilfe eines Beispiels: Sie sind sicher erstaunt, daß ich als „*Strauss*" den Politiker *Helmut Schmidt*[40] auf einer Wahl-Großkundgebung auf dem Essener Marktplatz zu Wort kommen lasse:

„Wir können uns keine Gesten der Stärke leisten und keine markigen Zeichen der Unerschütterlichkeit. Wir haben die Schnauze voll davon."[41]

Sie wissen natürlich bereits, worauf ich hinaus will: wie verstehen Sie die informelle Äußerung *Wir haben die Schnauze voll davon?*

Haben Sie unseren Interpretationsmechanismus zur Entschlüsselung registerspezifischen Sprachmaterials – die Reihe „Registereinschätzung > Registerbewertung im Spiegel der Situation > Registerinterpretation im Spiegel des Kontextes" – eingeschaltet? Dann verstehen Sie unter der Äußerung *Wir haben die Schnauze voll davon* sicher auch nicht nur, daß Schmidt „etwas nicht mehr will und ablehnt", sondern eben mehr. Dabei geht dieses „mehr" in meinen Augen in die Richtung *Wir sind solidarisch und gehören zusammen*, bezieht sich also auf die Beziehungsebene. Sie

---

[40] Wie bekannt gehören die Politiker Franz Josef Strauß und Helmut Schmidt verschiedenen Parteien an.

[41] Zitiert nach „DIE ZEIT" vom 16. 5. 1980, Seite 2.

sind bestimmt einverstanden, wird doch hier eine informelle Wendung vor größtenteils unbekannten Zuhörern auf einer öffentlichen Veranstaltung, also in formeller Situation, verwendet, und garantiert doch der Kontext der *Wahl*veranstaltung, daß der Einsatz der informellen Wendung in formeller Situation als Sympathie signalisierender Registerbruch interpretiert wird!

Die Charakterisierung der Kommunikationssituation mit Hilfe der Faktoren *Partnerbezug, Öffentlichkeitsgrad, Kontext sowie Registerzugehörigkeit* ist also notwendig, um unseren Interpretationsmechanismus in Gang zu setzen, kurzum: um die Äußerung überhaupt verstehen zu können! Daß der Interpretationsmechanismus – bzw. unsere Sprechstrategien zum Einsatz registerspezifischen Materials – in der skizzierten Weise funktionieren können, läßt sich folgendermaßen erklären:

Jeder Kommunikationsteilnehmer unterstellt der Kommunikationssituation an ihrem *Beginn* ein *Klischee als informelle, neutrale bzw. formelle Situation* – und zwar qua Konvention aufgrund des jeweils vorliegenden *Partnerbezugs* und *Öffentlichkeitsgrads*. Konkreter: aufgrund des sozialen Status der Partner und des Bekanntschafts- und Sympathiegrades zwischen Ihnen. Und weiter: aufgrund des Kommunikationsortes und einer eventuell vorhandenen nicht direkt angesprochenen zweiten Zuhörerschaft.
Dieses Situationsklischee zieht als allen Teilnehmern gemeinsamer Bezugs- bzw. Interpretationsrahmen eine entsprechende *Registererwartung* nach sich. Und zwar in dem Sinn, daß
- in informellen Situationen informelle und neutrale Register,
- in neutralen Situationen neutrale Register und
- in formellen Situationen neutrale bis formelle Register erwartet werden.

Ob die Kommunikationsteilnehmer dem unterstellten Situationsklischee *folgen* und ob sie die Registererwartung *erfüllen*, oder ob sie vor allem durch eine „unerwartete" Registerwahl einen *Kontrast* setzen, hängt von den jeweiligen Sprechabsichten und Sprechstrategien ab, z. B. davon, ob Solidarität implizit mit Hilfe des Registerbruchs bzw. – in abgeschwächter Form – mit Hilfe der Registeranpassung signalisiert werden soll. Dabei treten als Steuerungsfaktoren für die Sprech- bzw. Hörstrategien neben Partnerbezug und Öffentlichkeitsgrad *aus dem Kontext* hinzu:
- die *Inhaltsabfolge der Sprecherbeiträge*, d. h. die Frage, ob die Äußerung mit dem Registerbruch bzw. der Registeranpassung in Kontrast oder in Übereinstimmung zu den Beiträgen der Vorredner steht,
- der *Tonfall*, der für diese Äußerung gewählt wird,
- die *Gestik und Mimik*, mit der diese Äußerung begleitet wird,
- die *Gerichtetheit* dieser Äußerung, d. h. die Frage, an wen der Beitrag gerichtet wird.

Der *Registerbruch nach unten*, also der Einsatz informeller Wendungen in neutralen bis formellen Situationen, tritt dabei vor allem zur Signalisierung von Sympathie oder Geringachtung bzw. von Saloppheit auf, Funktionen, die mit Ausnahme der „Herabsetzung" auch von der *Registeranpassung* als Einsatz informeller Mittel in informeller Situation – allerdings in abgeschwächter Form – übernommen werden können. Dabei wird besonders die Registeranpassung häufig auch ohne die Absicht, situative Bedeutung auszudrücken, eingesetzt.

Dieses Situationsmodell geht also davon aus, daß die Kommunikationsteilnehmer der jeweiligen Kommunikationssituation in ihrem Anfangsstadium ein bestimmtes Situationsklischee als gemeinsamen Bezugs- und Interpretationsrahmen *unterstellen* und daß sie im Kommunikationsprozeß vor der Folie dieser Grundstruktur *Uminterpretationen* vornehmen können. Da sowohl das Grundschema wie das dazugehörige Sprachregister nicht im Sinne einer Handlungsdirektive übernommen werden müssen, sondern verändert werden können, tritt neben die *Statik* der ,,Tiefenstruktur" die *Dynamik* der ,,Oberflächenstruktur". Auf der Basis dieser statischen und dynamischen Elemente unseres Situationsmodells können dann unsere Kommunikationsstrategien zum Einsatz und zur Interpretation registerspezifischen Materials funktionieren, d. h.

aus der **Sprechperspektive** die Operationen				
1. Festlegung der *Sprechabsichten*	>	2. *Situationseinschätzung*	>	3. *Registerwahl* im Spiegel des Kontextes
und aus der **Hörperspektive** die Operationen				
4. Register-*einschätzung*	>	5. Register-*bewertung* im Spiegel der Situation	>	6. Register-*interpretation* im Spiegel des Kontextes

Sehen wir uns noch ein Beispiel zur Verdeutlichung an:

Auf der 6. Internationalen Deutschlehrertagung 1980 in Nürnberg wurde in einer Arbeitsgruppe die *Bedeutung der gesprochenen deutschen Gegenwartssprache für eine kommunikative Unterrichtsgestaltung* behandelt. Ca. 60 Teilnehmer, von Lehrern bis zu Professoren, die sich in der Regel nicht kannten, diskutierten in einem Seminarraum, in den auch während der Sitzung weitere Teilnehmer strömten. Mitten in der sachlich geführten Diskussion appellierte ein Lehrer mit 20 Jahren Praxis folgendermaßen an die Teilnehmer:

Lehrer:	Hier wird doch nach dem Motto ,,wer schreibt, der bleibt" gehandelt: Die gesprochene Sprache wird nur künstlich hochstilisiert, um ein neues Thema zu haben! Wir Lehrer lassen uns nicht beirren und gehen weiter von der Schriftsprache aus!
Anonymer Teilnehmer (in aggressivem Ton in Richtung Lehrer)	Sie können uns Ihr Bekenntnis doch nicht ohne Begründung *auf den Tisch klatschen.* Sie müssen schon *mehr draufhaben* und ein paar *Argumente zusammenbasteln.* So *fallen Sie* in jeder Diskussion *auf den Bauch!*

Was wollte unser Anonymus mit den informellen Redemitteln (in *Kursivschrift)* ausdrücken? Kein Zweifel, daß es sich hier nicht um das ,,Du der Solidarität", sondern um das ,,Du der Herabsetzung und der Geringachtung" handelt: Dem Lehrer soll klargemacht werden, daß er sich lächerlich gemacht hat!

Soweit ich sehe, werden unsere Kommunikationsstrategien zur Interpretation sowie zum Einsatz registerspezifischen Sprachmaterials, die im Horizont unseres Situationsmodells erarbeitet worden sind, in der fachdidaktischen Literatur nicht beschrieben und in DaF-Lehrwerken nicht berücksichtigt. Damit wird die wichtige Frage, welche Situationsfaktoren, wie z. B. der Partnerbezug, didaktisch relevant und d. h.im Unterricht zu berücksichtigen sind, selbst in der fachdidaktischen Literatur nur äußerst selten und dann nur andeutungsweise gestellt. Eine Frage, mit der jeder Lehrer täglich konfrontiert ist, muß er doch täglich unter anderem entscheiden, mit Hilfe welcher Situationsfaktoren er seine Sprechübungen situiert!

Im Rahmen einer Situationsdefinition mit Hilfe von Situationsbeschreibungsmerkmalen wie z. B. des Partnerbezugs lassen sich in der Forschung *drei Hauptrichtungen* unterscheiden:

1. die rein kommunikationstheoretische Richtung,
2. die fachdidaktische Schule ohne Bezug auf die Kommunikationstheorie,
3. die fachdidaktische Richtung mit Bezug auf die Kommunikationstheorie.

1. Im Rahmen der *kommunikationstheoretischen Richtung* konkurrieren zwei Schulen:

   die *Freiburger-Schule*[42]
   - geht von der Annahme aus, daß den Kommunikationspartnern die Kommunikationssituation jeweils weitgehend *vorgegeben* ist und daß diese Eingangsbedingungen – wie z. B. *öffentliche* Situation – im Sinne von Folgen bestimmte Merkmale sprachlichen Handelns nach sich ziehen. Mit diesen kausalen Relationen zwischen bedingenden *Faktoren* und bedingten sprachlichen Merkmalen handelt es sich um ein *statisches* Modell;

   die *Cicourel-Schule*[43]
   - geht davon aus, daß Faktoren der Situation – wie z. B. ,,öffentlich" – nicht unabhängig vom Kommunikationsprozeß gegeben sind, sondern von den Gesprächspartnern selbst *hergestellt* werden, indem sie sich diese Werte gegenseitig mit sprachlichen und nichtsprachlichen *Indikatoren* anzeigen. Bei dieser Komponente des Herstellens bzw. Konstituierens handelt es sich um ein *dynamisches* Modell.

---

[42] Literaturangaben zur Freiburger Schule vgl. bei A. Betten: *Erforschung gesprochener deutscher Standardsprache. Teil I, Deutsche Sprache 4* (1977), S. 335–361. *Teil II, Deutsche Sprache 1* (1978), S. 21–44.

[43] Vgl. z. B. A. C. Cicourel: ,,Basisregeln und normative Regeln im Prozeß des Aushandelns von Status und Rolle". In: Arbeitsgruppe Bielefelder Soziologen (hg.): *Alltagswissen, Interaktion und gesellschaftliche Wirklichkeit,* 1973.

Bei beiden Schulen bleibt unklar, welche Situationsfaktoren bzw. -indikatoren didaktisch relevant sind und im Unterricht unbedingt erwähnt werden müssen. Darüber hinaus zeigt unser Situationsmodell, daß die Ergebnisse beider Schulen zusammengeführt werden müssen, um die Kommunikationssituation adäquat abzubilden.

2. Die *fachdidaktische Schule ohne Bezug auf die Kommunikationstheorie* liefert keine Situationsbeschreibung, sondern fragt lediglich danach, ob die fremdsprachlichen Kommunikationssituationen im Unterricht *vollsituativ* und d. h. auch außerunterrichtlich relevant sind.[44]

3. Für die *von der Kommunikationstheorie beeinflußte Fachdidaktik* ergibt sich folgendes Bild:

   Die Begrenzung des Situationsfaktoren-Katalogs auf die didaktisch-relevanten und d. h. im Unterricht zu berücksichtigenden Faktoren wird nur äußerst selten und dann nur andeutungsweise vor dem Hintergrund der Bedürfnisse des Fremdsprachenunterrichts begründet.[45] In der Regel wird lediglich der Partnerbezug als didaktisch relevanter Faktor genannt, ohne dieses Merkmal näher zu präzisieren.[46] Lediglich Sinclair weist innerhalb des Öffentlichkeitsgrades auf die didaktische Relevanz der ,,zweiten Zuhörerschaft"[47] hin. Über die Art und Weise, wie die einzelnen Situationsfaktoren im Kommunikationsakt funktionieren und z. B. aus der HV-Perspektive als situative Indikatoren interpretiert werden, die die Bedeutung der Sprache mitkonstituieren, finden sich ebensowenig Angaben wie über die Bedeutung und den Stellenwert der didaktisch relevanten Situationsfaktorenmatrix für die Unterrichtsplanung und für die Herstellung von Unterrichtsmaterial.[48]

---

[44] Vgl. als Beispiel R. M. Müller: ,,Was ist ,Situational teaching'? Ein Vorschlag zur Systematisierung". *Praxis* 3/1971, S. 229–239, bes. S. 232.

[45] Vgl. als Beispiel H.-E. Piepho: *Einführung in die Didaktik des Englischen.* Heidelberg 1976, bes. S. 103.

[46] Vgl. H. Arndt: ,,Determinanten sprachlicher Interaktion: Gruppen- und Interaktionstypen". *Die Neueren Sprachen* 3/4/1978, S. 300–317, bes. S. 309.
Ch. N. Candlin: ,,Diskursstrategien und sprachliche Fertigkeiten". Hessisches Institut für Lehrerfortbildung. *Protokoll der 7. Arbeitstagung,* S. 33–72, bes. S. 63.
M. A. K. Halliday: *Linguistik, Phonetik und Sprachunterricht.* Heidelberg 1972, S. 97.
R. Nissen: *Kritische Methodik des Englischunterrichts. Erster Teil, Grundlegung.* Heidelberg 1974, bes. S. 171.
D. A. Wilkins: *Linguistik im Sprachunterricht.* Heidelberg 1976, S. 183.
Van Ek differenziert dagegen zwischen den verschiedenen Rollenmöglichkeiten wie z. B. sozialen und psychologischen Rollen. J. A. van Ek: *The Threshold Level in a European unit/credit System for modern language learning by adults.* Council of Europe, Strasbourg 1975.

[47] J. Mc. H. Sinclair u. a.: *Analyse der Unterrichtssprache. Ansätze zu einer Diskursanalyse dargestellt am Sprachverhalten englischer Lehrer und Schüler.* Übers., bearb. und hg. von H. J. Krumm, Heidelberg 1977, S. 169.

[48] Ein meines Erachtens zu komplexes Modell bietet neuerdings Krüger an. Auch Krüger stellt nicht die Faktoren klar heraus, die z. B. zur Entschlüsselung registerspezifischer Wendungen notwendig sind. M. Krüger: ,,Sozial- und Übungsformen im Fremdsprachenunterricht". In: *Übungstypologie zum kommunikativen Deutschunterricht.* Hg. G. Neuner u. a., München 1981, S. 29 ff.

Bei dem gegebenen Forschungsstand versuchen damit unsere Kommunikationsstrategien vor dem Hintergrund unseres Situationsmodells die Methodik unter bzw. durch Mitberücksichtigung der Kommunikationstheorie weiterzuentwickeln.

Zum Wiederholungsmodus

Mit Hilfe welcher Wiederholungsmodi neue Wendungen zu üben sind, ist ein spannendes und kontrovers diskutiertes Thema:

Daß beim Aufbau der Fähigkeit zum situationsadäquaten Einsatz von für den Lerner neuen Wendungen *wiederholt* werden muß, darin sind sich alle Gruppen einig: *Praktiker*, *Fremdsprachenmethodiker* und *Lernpsychologen*. Wie aber wiederholt werden muß, wird in der Regel übergangen, oder es werden lediglich die Extreme, „gehäufte" und „verteilte" Wiederholung, genannt. Diese Wiederholungstypen werden dann nicht exakt definiert und es bleibt offen, für welche Lernstoffe, für welche Lernziele und für welche Lerner sie geeignet sind. Im einzelnen ergibt sich folgendes Bild:

Die *Praktiker*, Lehrer und Lehrwerkautoren, fordern in der Regel schwerpunktmäßig für Anfänger gehäufte Wiederholungen, ohne diesen Wiederholungstyp zu definieren und ohne klar anzugeben, auf welches Lernmaterial sich diese Forderung bezieht und welches Lernziel aufgebaut werden soll, also etwa die *Weiterlernkompetenz* im Sinne des Aufbaus einer ersten Reproduktionsfähigkeit der Wendungen oder die *Zielkompetenz*, die Fähigkeit zum situationsadäquaten Einsatz. Für Fortgeschrittene werden dagegen in der Regel – wenn überhaupt – nur verteilte Wiederholungen verlangt, wiederum ohne die Beziehungen zu den Lernzielen und Lernstoffen herzustellen oder einen Begründungsversuch zu machen.

Die *fremdsprachendidaktische Literatur* scheint überwiegend für die verteilte Wiederholung zu votieren, in der Regel allerdings ohne diesen Wiederholungsmodus zu definieren und ohne auf die Fragen des Lernstoffs, der Lernziele, der Lerner sowie des Begründungszusammenhangs näher einzugehen. Im Gegensatz dazu steht eine kleinere Zahl von Didaktikern, die sich für die gehäufte Wiederholung aussprechen, wiederum ohne die genannten Rahmenbedingungen zu berücksichtigen.[49] Entscheidend ist, daß der günstigste Wiederholungsmodus noch nicht durch entsprechende empirische Überprüfungen von *Fremdsprachenunterricht* bestimmt worden ist.[50]

---

[49] Für die „verteilte" Wiederholung votieren z. B.:
R. Nissen, a.a.O., bes. S. 301.
H. Heuer: *Lerntheorie des Englischunterrichts. Untersuchungen zur Analyse fremdsprachlicher Lernprozesse.* Heidelberg 1976, bes. S. 57 f.
Für die „gehäufte" Wiederholung sprechen sich aus:
G. Zimmermann: *Grammatik im Fremdsprachenunterricht.* Frankfurt 1977, bes. S. 96 f.
H.-E. Piepho: „Situationen als Sprechanlässe im elementaren Englischunterricht". *Praxis* 2/1971, S. 133–142.

[50] D. A. Wilkins, a.a.O., S. 269.

Lernpsychologische Arbeiten, die allerdings häufig mit „Sinnlos-Silben" durchgeführt worden sind und die geforderten Rahmenbedingungen wiederum außer acht lassen, deuten darauf hin, daß zur Neueinführung von Sprachmaterial eine erste gehäufte Wiederholung einer ausschließlich verteilten überlegen ist.[51]

Bei diesem Befund zur Frage des Wiederholungsmodus sind die einzelnen Wiederholungstypen zunächst exakt zu definieren und anschließend ist die Frage nach der Eignung dieser Typen für den Fremdsprachenunterricht unter Berücksichtigung der Rahmenbedingungen zu beantworten und zu begründen – und d. h.unter Berücksichtigung des Schwierigkeitsgrades der Lernstoffe, der gesetzten Lernziele sowie der Lernertypen.

Unterschieden werden drei Wiederholungsgrundtypen:

- *gehäufte Wiederholungen* sind Wiederholungen, die zeitlich unmittelbar aufeinanderfolgen,
- *verteilte Wiederholungen* sind Wiederholungen, die in größerem zeitlichen Abstand – von mindestens einer Unterrichtsstunde – aufeinanderfolgen,
- *kurzzeitverteilte Wiederholungen* sind Wiederholungen, die in kleinerem zeitlichen Abstand – von ca. einer halben bis zu ca. 10 Minuten – aufeinanderfolgen.

Unserem Plädoyer für die habituelle Komponente bei der Neueinführung und Festigung von *Wendungen* liegen die lernpsychologischen Prämissen zugrunde,
- daß der Lernprozeß schneller verläuft, wenn die terminale Endstufe über Zwischenstufen erarbeitet wird,[52]
- daß das „Inhaltsgedächtnis" dem „Formgedächtnis" überlegen ist, daß also morphosyntaktische Lernstoffe schlechter gespeichert werden als semantische Informationen[53] und
- daß der Lerner auch oder sogar besonders an der Aufnahme der Formseite der Wendungen interessiert ist, denn ohne diese Ebene können die Inhalte nicht ausgedrückt werden.

Bei diesen Voraussetzungen steuern wir bei der Einübung von Wendungen zunächst eine Weiterlernkompetenz an, d. h. die Fähigkeit zur ersten, phonetisch-morphosyntaktisch noch fehlerhaften Reproduktion der Wendung. Diese Weiterlernkompetenz wird dann später in die Zielkompetenz überführt, die die phonetisch-morphosyntaktisch angemessene, flüssige und situationsadäquate Reproduktion umfaßt. Dabei steht im Rahmen des ersten Schrittes, der Weiterlernkompetenz, die Formseite im Zentrum, weil die Form die Voraussetzung zum eigenen Gebrauch durch den Lerner bildet, der Lerner aufgrund dessen in der Regel dazu motiviert ist. Die erste morphosyntaktische Reproduktionsfähigkeit der Wendung wird bei *lernschwierigen Wendungen* mit Hilfe der *gehäuften Wiederholung* – die eventuell in derselben Stunde durch ein- bis zweifache *Kurzzeitwiederholung* abgesichert wird – ausgebildet, weil die Formseite grundsätzlich und besonders hier schwer zu erlernen ist und weil dem

---

[51] Näheres vgl. in: D. Strauss: „Zur Begründung von Sprech- und Schreibfertigkeitsübungen für Deutsch als Fremdsprache". In: *Jahrbuch Deutsch als Fremdsprache 5,* Hg. A. Wierlacher, Heidelberg 1979, S. 31–48.

[52] Vgl. H. Heuer, a.a.O., bes. S. 18–59.

[53] ebda.

Lerner mit dem ständigen Wiederanbieten der Wendung das Mißerfolgserlebnis des Nichtbehaltens weitgehend erspart bleibt. Dabei stört den Lerner das durch die Massierung ausgelöste „auf der Stelle treten" bei seiner Motivationslage grundsätzlich kaum – u. a. auch deshalb, weil er jede Äußerung im Fremdsprachenunterricht als „*ganz natürlich und ganz künstlich*"[54] empfindet und sich auf das Rollenspiel einläßt, und besonders dann nicht, wenn die Übungen im Sinne der „open-ended-Strategien" lernaktiv aufgebaut sind. Auf dieser Basis sind dann für den Aufbau der Zielkompetenz in der Regel *verteilte Wiederholungen* ausreichend.

Bei weniger schwierigen Wendungen reicht die Kombination von ca. vier- bis siebenfacher „kurzzeitverteilter und verteilter" Wiederholung aus, während bei leichten Lernstoffen die „verteilte" Wiederholung – eventuell vorwiegend im Selbststudium und nicht im Kontaktunterricht – als ausreichend angesehen wird.

Die gewählten Wiederholungsmodi tragen damit zusammen mit der Lernzielphasierung dazu bei, daß der Lernprozeß als *motivierend* erfahren wird und *ökonomisch* sowie *effektiv* abläuft. Dabei ist jeweils vor dem Hintergrund der Lernervoraussetzungen *Gedächtnis, Alter, Lernkapazität, Ausbildung, Sprachlerneignung und Motivation* der Schwierigkeitsgrad der Redemittel festzulegen und damit der geeignete Wiederholungsmodus zuzuordnen!

Daß wir nicht einseitig von habituellem, also gewohnheitsbildendem Lernen ausgehen, sondern von einer *Mischung aus habituellem und konzeptuellem* – die jeweilige Struktur bzw. Regularität bewußtmachenden – Lernen, macht unser Übungsgrundaufbau besonders deutlich: Die Forderung nach – vor allem visueller – Bewußtmachung der strukturellen Regularitäten zeigt zusammen mit den verlangten Wiederholungstypen, daß von einer *Mischung aus Assoziations- und Gestaltpsychologie* ausgegangen wird. D. h. von einer Synthese der beiden kontroversen Auffassungen, daß man Lernstoffe am besten dadurch lernt, daß man sie gehäuft mit bereits erworbenem Wissen in Berührung bringt, bzw. dadurch, daß man sich ihre Struktur bewußt macht![55]

Unsere Übungsgrundstruktur macht damit zusammen mit unseren kurzen lernpsychologischen Bemerkungen deutlich, daß der Erwerb lernschwieriger Wendungen im Sinne eines motivierenden, effektiven und ökonomischen Lernens durch folgende Faktoren gefördert wird:

- eine Mischung aus gehäufter, kurzzeitverteilter und verteilter *Wiederholung*;
- hohe *Lernaktivität* des Lernenden wie „urteilen, überlegen, auswählen, begründen";
- hohe *Bedeutungshaltigkeit* des Lernstoffes, d. h. der Lerner weiß, was das Redemittel bedeutet, wo es gebraucht und wie es formal gebildet wird;
- *Schwierigkeitsisolierung*, d. h. lernergemäße Begrenzung des Lernstoffs;
- hohe *Motivation* des Lerners;
- starke *Bekräftigung* der Lernleistung.

---

[54] Nach R. Nissen, a.a.O., S. 283.

[55] Zum konzeptuellen Lernen vgl. C. van Parreren: *Lernprozeß und Lernerfolg*. G. Westermann Verlag 1972.

Zur grammatischen Bewußtmachung

Hier steht zur Debatte, ob überhaupt eine grammatische Bewußtmachung sinnvoll ist und wenn ja, welche grammatischen Teilbereiche vor allem bewußt zu machen sind und mit welchem Grammatikmodell diese Bewußtmachung an welchem didaktischen Ort und auf welche Art und Weise – z. B. durch Präskription bzw. durch gelenkte Entdeckung – zu erfolgen hat. Kurz, nicht nur die *ob*-, sondern auch die *was-, womit-, wo- und wie-Fragen* stehen zur Diskussion.

Wie reagiert die Forschung auf diese Herausforderung? Aus vielen empirischen Untersuchungen geht lediglich hervor, daß kognitivierende Verfahren rein automatisierenden und auf Einsicht verzichtenden Lehrstrategien bei Lernern über 13 Jahren überlegen sind.[56] Weiter führen die Arbeiten Galperins[57], die besonders die ,,womit"-Frage berücksichtigen: Neben die verbale Beschreibung der sprachlichen Regularität tritt ihre visuelle Abbildung im Sinne eines kognitiven Handlungsschemas, nach dem sich der Lerner bei seiner Sprachproduktion richten kann. Aber auch hier bleibt der Begründungszusammenhang wie alle anderen Fragen offen!

Versuchen wir eine Lösung durch Anlehnung an die *spracherwerblichen Eigenvoraussetzungen* der Lerner zu finden, die sich im ungelenkten Zweitsprachen- und Erstsprachenerwerb zeigen: [58]

Wenn hier beobachtet werden kann, daß der Lerner selbständig aus den sprachlichen Daten, mit denen er in Berührung kommt, die strukturellen Regularitäten und Muster ableitet, könnten sämtliche Fragen vor diesem Hintergrund begründet beantwortet werden!

Beobachtet man den ungelenkten Zweitsprachenerwerb von Jugendlichen und Erwachsenen, fallen sofort Formen wie *sitzte* und *leste* oder *er hat mir die Bröter gegebt* auf. Diese übergeneralisierten Formen legen nahe, daß die Lerner in der Sprache ihrer Umgebung eine Systematik entdecken und nachahmen. In unseren Beispielen werden offenbar die Hypothesen aufgestellt, daß die *Endung -te* grundsätzlich die Vergangenheitsfunktion übernimmt, daß *Umlaut* und *er-Endung* immer den Plural signalisieren und daß das Partizip Praeteritum stets durch *ge-t* gebildet wird. Diese ,,Grammatik" kann sich bei der Erziehung und Tendenz Jugendlicher und Erwachsener zur Kategorisierung und Generalisierung leicht ergeben – und zwar besonders bei den frequenten Sprachformen und bei Vorhandensein eines Erwartungs- und Suchschemas aus der Muttersprache. Darüber hinaus ist anzunehmen, daß der Mensch über einen angeborenen Verarbeitungsmechanismus zur Interpretation von Sprache verfügt.

Es ist zu vermuten, daß der Programmaufbau – vor allem bei der vorhandenen muttersprachlichen Basis und bei der erwähnten Klassifikationstendenz – teilweise durch intentionales, also bewußtes Lernen erfolgt und daß das Programm in der

---

[56] Belege bei G. Zimmermann, a.a.O., S. 101 ff.

[57] Vgl. E. Schuster: ,,Die Lerntheorie Galperins – Ein Beitrag zur Überwindung behavioristischer Auffassungen im Fremdsprachenunterricht". In: *Deutsch als Fremdsprache* 3/1973, S. 169–176.

[58] Vgl. H. Wode: ,,Lernorientiertheit im Fremdsprachenunterricht". In: Hunfeldt (Hg.): *Neue Perspektiven der Fremdsprachendidaktik.* Kronberg 1977, S. 17–24.

Anfangsphase des Zweitsprachenerwerbs für die Sprachausschnitte, die gerade neu erworben werden und noch nicht automatisiert sind, bewußt eingesetzt wird. Diese Auffassung von der selbständigen Bildung einer ,,internen" Grammatik beim ungelenkten Zweitsprachenerwerb wird durch die Vorgänge beim Muttersprachenerwerb abgesichert, die ähnlich verlaufen.[59]

Wenn der Mensch über entsprechende spracherwerbliche Eigenvoraussetzungen verfügt, hat Fremdsprachenunterricht, der ein möglichst ,,motivierendes", ,,effektives" und ,,ökonomisches" Lernen garantieren will, an diese Fähigkeit anzuknüpfen und die natürliche grammatische Hypothesenbildung zu optimieren. Mit anderen Worten: Der Unterricht ist so zu organisieren, daß die natürliche ,,interne" Grammatikbildung so unterstützt wird, daß der Lernprozeß möglichst leicht und angenehm, wirksam und schnell verläuft. Damit ist nicht nur entschieden, daß die Bewußtmachung mit einem an der internen Grammatik orientierten Modell durchzuführen ist, sondern auch, ,,wo" und ,,wie" diese Bewußtmachungsphase abzulaufen hat: Um den Lerner eigene Hypothesen über die vorliegenden Muster bilden und testen zu lassen – und damit, um ihn zu motivieren –, findet die Bewußtmachung in der Übungsphase, also nach dem Aufbau einer Induktionsbasis, statt, und zwar nach dem Prinzip der gelenkten Entdeckung. Auf diese Weise wird dem Lerner die Möglichkeit gegeben, sich bereits vor der expliziten Bewußtmachung mit dem entsprechenden grammatischen Problem auseinanderzusetzen und eigene Hypothesen zu bilden und zu testen. Diese Strategie garantiert einen für die explizite Bewußtmachung motivierten Lerner und macht damit – zusammen mit dem nachhaltiges Lernen garantierenden Hypothesentesten – den Lernprozeß angenehm, wirksam und wahrscheinlich auch schneller als bei deduktivem Vorgehen. Entschieden ist darüber hinaus, daß besonders die lernerrelevanten grammatischen Ausschnitte bewußt zu machen sind, bei denen eine Induktionshemmung vorliegt. Und das gilt häufig aus der Perspektive der Muttersprache und Zweitsprache für Kontrastfälle. Sämtliche zunächst offenen Fragen können unseres Erachtens also mit Hilfe der skizzierten *einen* Theorie beantwortet werden.

Legt man die Beschreibungskriterien *Darstellungstechnik* der grammatischen Regeln, *Auswahl* und *Anordnung* des Grammatikstoffes sowie *sprachliche Orientierungsebene* zugrunde, kann die ,,interne" Grammatik folgendermaßen charakterisiert werden: Dem ungelenkten Zweitsprachenerwerb im Jugend- oder Erwachsenenalter liegt als sprachliche Orientierungsebene ganz überwiegend die gesprochene Sprache zugrunde. Da die Programmregeln aus den sprachlichen Daten, mit denen man häufiger in Berührung kommt, abgeleitet werden, wird die Auswahl durch die Konzentration auf die frequenten und funktional bedeutsamen Sprachregeln auf phonetisch-morphosyntaktischer *und* semantisch-pragmatischer Ebene charakterisiert sein und den Bereich der *Kommunikationsstrategien* mitumfassen. Im Rahmen der Anordnung wird von den Sprachfunktionen ausgegangen, denen die entsprechenden Formen bzw. Strategien zugeordnet werden. Sollte eine systematische Anordnung sämtlicher Regularitäten vorliegen, wird sie eher an den Verwendungssituationen orientiert sein

---

[59] Vgl. bes. E. Oksaar: ,,Spracherwerb". In: *Lexikon der germanistischen Linguistik, Bd. 2,* Hg. H. P. Althaus u. a., Tübingen 1973, S. 303–308, bes. S. 305.

als der am Lateinischen orientierten strukturellen Progression entsprechen. Als Darstellungstechnik ist keine „lineare" verbale Deskription der Regularität, sondern lediglich eine „konzentrische, spiralförmige"[60] Visualisierung denkbar. Vorstellbar ist, daß die Regularität durch Handlungsschemata, die aus verbalen und optischen Signalen bestehen und als Lernsteuerungshilfen fungieren, abgebildet wird. Das folgende Beispiel versucht, ein solches Handlungsschema vorzustellen:

Wunsch bei Vollverben ⟶ Würde + gern + Infinitiv

Damit können die Prinzipien einer *Didaktischen Lernergrammatik* folgendermaßen zusammengefaßt werden:

1. *Didaktischer Ort der Bewußtmachung*
   In der Übungsphase, d. h. nach dem Aufbau einer Induktionsbasis. Bei starker Induktionshemmung ganz am Anfang der Übungsphase.
2. *Art und Weise der Bewußtmachung*
   Gelenkte Selbstentdeckung.
3. *Dartellungstechnik*
   Konzentrische Visualisierung. Die Regularität wird also weniger beschrieben als mit Hilfe von Handlungsschemata abgebildet. Die Schemata, die nach dem Muster *wenn A dann B* aufgebaut sind, bestehen aus Signalwörtern und aus optischen Symbolen. Sie werden nach ihrer Präsentation zusätzlich verbal interpretiert, und zwar in der Regel durch den Lehrer. Entscheidend ist, daß das Handlungsschema für den Lerner so *verständlich* wie möglich ist. Vgl. dazu in dem einführenden Modellstundenentwurf unsere Schemata zur Bewußtmachung von Kommunikationsstrategien.
4. *Auswahlprinzip*
   In erster Linie Beschränkung auf lernerrelevante frequente Wendungen und Kommunikationsstrategien, bei denen eine Induktionshemmung vorliegt.
5. *Anordnungsprinzip*
   Ausgangspunkt sind die lernerrelevanten Sprechhandlungen, die unter Mitberücksichtigung der lernerrelevanten Situationen und Themen in sprechemanzipatorischer Absicht so angeordnet werden, daß der Lerner vom „einfachen Überleben" in der Fremdsprache zu immer differenzierteren Ausdrucksmöglichkeiten geführt wird.
6. *Sprachliche Bezugsebene*
   Bei Sprechkursen die gesprochene, bei Schreibkursen die geschriebene Standardsprache.

[60] Im Gegensatz zur linearen Darstellung wird die Lernschwierigkeit nicht auf einmal erschöpfend dargestellt, sondern in mehreren Durchläufen allmählich vervollständigt.

Die Gewichtung der Prinzipien hat vor dem Hintergrund der jeweiligen Lernervoraussetzungen zu erfolgen. Unsere Prinzipien decken sich zum großen Teil mit Zimmermanns Signalgrammatik[61] und zum Teil mit Galperins Vorschlägen, im Gegensatz hierzu sind sie aber aus *einer* Theorie abgeleitet und damit begründbar.[62]

Mit diesen Ausführungen zur *Kommunikationssituation,* zum *Wiederholungsmodus* sowie zum *ungelenkten Zweitsprachenerwerb* sind die drei tragenden Pfeiler unserer *methodischen* Vorschläge beschrieben, begründet und in ihrer Abhängigkeit von der Forschungsliteratur dargestellt worden.

Soweit wir sehen, werden von der Forschung bis heute noch keine Kriterienkataloge bereitgestellt, mit denen die genannten *didaktischen* Aufgaben von der Textauswahl bis zur Lernstoffbestimmung in Texten sowie zur Übungsortfestlegung adäquat gelöst werden können. Erste Ansätze sind lediglich für die Bereiche der Textauswahl sowie der Lernstoffbestimmung in Texten vorhanden.[63]

Nachdem also klar ist, worauf sich diese Einführung stützt und welche Teilbereiche neu entwickelt sind, stellt sich die Frage der Weiterarbeit – und zwar für *Sie* als Leser! Welche Bücher eignen sich also für eine weitere Vertiefung in die angeschnittene Problematik?

Bei der äußerst zahlreichen einschlägigen Literatur kann ich selbstverständlich nur eine ganz unvollständige Auswahl vorschlagen.

---

[61] G. Zimmermann, a.a.O., S. 123ff.

[62] Für ein Beispiel vgl. D. Strauss, a.a.O., bes. S. 41f.

[63] Vgl. E. Haase / K. Mengler: „Zur Bestimmung von Inhalten im Fremdsprachenunterricht". In: *Linguistik und Didaktik* 29/1977, S. 51–62.
G. Wienold: *Die Erlernbarkeit der Sprachen.* München 1973, bes. Kap. 4,3 „Auswahl" und 4,4 „Anordnung".
M. A. K. Halliday u. a.: *Linguistik, Phonetik und Sprachunterricht.* Heidelberg 1972, bes. S. 200f. (Kriterien zur Lernstoffbestimmung).
I. Ch. Schwerdtfeger: „Sprachlehrforschung als Aufgabe". In : *Der fremdsprachliche Unterricht* 47/1978, S. 2–5, bes. S. 3.

5.2 Literaturangaben zur Weiterarbeit

A) Zur Didaktik

Lernziele

Blankertz, H.: *Theorien und Modelle der Didaktik,* München: 1973. Bes. Kap. 5 „Taxonomie von Lernzielen", S. 146–157.

Corte, E. de: „Analyse der Lernzielproblematik", in: *Zeitschrift für Pädagogik,* 1/1971, S. 75ff.

DaF-Curriculum-Kommission der niederländischen Lehrerausbildungsinstitute (Hrsg.): *Lehr- und Lernmaterialentwicklung zur gesprochenen Sprache für DaF-Lehrerstudenten,* München: 1979. Bes. das Kap. zur Bestimmung der kommunikativen Bedürfnisse der Lerner (Kommunikationsrahmenanalyse S. 20ff.) sowie die Standardsprachendefinition S. 30f.

Pelz, M.: *Pragmatik und Lernzielbestimmung im Fremdsprachenunterricht,* Heidelberg 1977.

Kriterienkataloge

Bausch, K. R.: *Der Zweitsprachenerwerb,* Bochum: 1979 (Seminar für Sprachlehrforschung). Mit Aufarbeitung der drei großen Hypothesen, der Kontrastiv-, der Identitäts- und der Interlanguage-Hypothese, werden Hilfen zur Bestimmung des Schwierigkeitsgrades von Lernstoffen gegeben.

Bung, P. u. a.: „Untersuchungen zur Messung der Schwierigkeit fremdsprachiger Unterrichtstexte", in: *Praxis,* 4/1977, S. 353–359.

B) Zur Methodik

Lernphasen

Jungblut, G.: „Terminologie der Lern- und Lehrphasen im Fremdsprachenunterricht", in.: *Linguistik und Didaktik,* 17/1974, S. 33–41.

Zimmermann, G.: *Grammatik im Fremdsprachenunterricht,* Frankfurt: 1977, bes. S. 92–100.

Strauss, D.: „Zur Begründung von Sprech- und Schreibfertigkeitsübungen für Deutsch als Fremdsprache", in: *Jahrbuch DaF,* 5/1979, Hrsg. A. Wierlacher, Heidelberg: 1979, S. 31–48. Bes. Kap. II „Lernphasen im Sprech- und Schreibfertigkeitsunterricht".

Übungsgrundstruktur

Bausch, K. R. (Hrsg.): *Beiträge zur didaktischen Grammatik. Probleme, Konzepte, Beispiele.* Königstein/Ts.: 1979. In dem Beitrag von Bausch wird ein historischer Überblick über die vier Entwicklungsstufen didaktischer Grammatik gegeben, und es werden Perspektiven für neu zu realisierende didaktische Grammatiken formuliert.

Zimmermann, G.: *Grammatik im Fremdsprachenunterricht,* Frankfurt: 1977. Um Regeln im Sinne von Lernsteuerungshilfen, die im Lerner zu Sprachsteuerungsimpulsen umgewandelt werden, anbieten zu können, wird die „Signalgrammatik" entwickelt, die die Regularität statt in einer beschreibenden Regel mit Hilfe von Signalwörtern als visuelles Modellschema abbildet.

Wode, H.: „Lernerorientiertheit im Fremdsprachenunterricht", in: **Hunfeldt,** H. (Hrsg.): *Neue Perspektiven der Fremdsprachendidaktik,* Kronberg/Ts.: 1977, S. 17–24. Aus der Beobachtung des nicht-schulischen Zweitsprachenerwerbs sollen Lehrverfahren für den schulischen Zweitsprachenerwerb entwickelt werden.

Krumm, H. J.: „Kommunikativer Fremdsprachenunterricht als Gegenstand der Sprachlehrforschung und der Lehreraus- und Lehrerfortbildung", in: *Der fremdsprachliche Unterricht,* 4/1978, S. 6–19.

ders., „Unterrichtsbezogene Kommunikationsanalyse", in: *Lehr- und Lernmaterialentwicklung zur gesprochenen Sprache für DaF-Lehrerstudenten,* Hrsg.: DaF-Curriculum-Kommission der niederländischen Lehrerausbildungsinstitute, München: 1979, S. 100–110. Krumm macht bei seiner Analyse auf die Unterschiede zwischen der „primären Kommunikationssituation" zwischen Lehrer und Schülern und der „sekundären Kommunikationssituation" – der Hereinnahme der außerunterrichtlichen, realen Kommunikation – aufmerksam.

Übungstypologie

Förster, U.: *Zur Aktivierung und Reaktivierung sprachlicher Kenntnisse im Fortgeschrittenenunterricht,* Leipzig: 1975. Besonders interessant wegen der Übungssammlung, die aber im wesentlichen nur Anwendungsübungen enthält.

Grewer, U. – **Sexton,** M. u. a.: „Übungstypologie zum Lernziel kommunikative Kompetenz", in: *Kommunikativer Englischunterricht,* Hrsg.: Gesellschaft zur Förderung des Englischunterrichts unter redaktioneller Leitung von Ch. Edelhoff, München: 1978, S. 69–192. Angeboten wird eine Fundgrube von streng gebundenen bis freien Übungen.

Strauss, D.: „Methodik des Sprechfertigkeitstrainings von Fortgeschrittenen am Beispiel einer Unterrichtseinheit für DaF-Studenten", in: *Zielsprache Deutsch,* 2/1977, S. 2–15. Für die meisten der in unserem Didaktisierungsraster aufgeführten Übungen werden Beispiele gegeben.

Wagner,J.: *Spielübungen und Übungsspiele im Fremdsprachenunterricht,* Regensburg: 1977 (Materialien DaF Band 10).

Bloom, J. – **Blaich,** E.: *Lernspiele und Arbeitsmittel im Englischunterricht,* Berlin: 1976.

Neuner, G. u. a.: Übungstypologie zum kommunikativen Deutschunterricht, Berlin und München: 1981.

C) Einführungen in die Didaktik und Methodik des Fremdsprachenunterrichts

Ehnert, R. (Hrsg.): *Einführung in das Studium Deutsch als Fremdsprache,* Kronberg/ Ts.: 1982.

Heuer, H.: *Grundwissen der englischen Fachdidaktik,* Heidelberg: 1979.

Hüllen, W.: *Linguistik und Englischunterricht 2,* Heidelberg: 1976.

Hunfeld, H. – **Schröder,** K. (Hrsg.): *Grundkurs Didaktik Englisch,* Kronberg/Ts.: 1979.

Multhaup, U.: *Einführung in die Fachdidaktik Englisch,* Heidelberg: 1979.

Nissen, R.: *Kritische Methodik des Englischunterrichts. Erster Teil: Grundlegung.* Heidelberg: 1974.

Pelz, M.: *Einführung in die Didaktik des Französischen,* Heidelberg: 1975.

Piepho, H. E.: *Einführung in die Didaktik des Englischen,* Heidelberg: 1976.

Pommerin, G.: *Deutschunterricht mit ausländischen und deutschen Kindern,* Bochum: 1977.

D) Lehrwerkanalyse

Engel, U. – **Krumm,** H. J. – **Wierlacher,** A. u. a. (Hrsg.): *Mannheimer Gutachten zu ausgewählten Lehrwerken Deutsch als Fremdsprache,* Heidelberg: 1979. 15 DaF-Lehrwerke werden nach einem Katalog von Kriterien für die Beurteilung von Lehrwerken überprüft. Damit besteht die Möglichkeit, sich vor Anschaffung des Lehrmaterials genau zu informieren.

dies., *Mannheimer Gutachten zu ausgewählten Lehrwerken Band 2,* Heidelberg: 1979. Die Auswahl beurteilter Lehrwerke wird vervollständigt, dabei werden Neubearbeitungen der bereits besprochenen Lehrwerke mit herangezogen.

Goethe-Institut München: *Arbeitsmittel für den Deutschunterricht an Ausländer,* München: 1983. Die Liste gibt mit Hilfe von Kurzkommentaren Auskunft über neuere und neu erschienene Lehrbücher, Lesetexte, optisch-akustische Unterrichtsmittel, Materialien zur Deutschlandkunde usw.

Neuner, G. (Hrsg.): *Zur Analyse fremdsprachlicher Lehrwerke,* Frankfurt: 1979.

E) Lehrwerke und Unterrichtsmodelle

Arbeitsgruppe Goethe-Institut: *Sprechen und Sprache. Regionales Lehrwerk für Italien, Band 1 und 2.* Florenz: 1982. Das Lehrwerk wendet sich an die italienische „Scuola Media Superiore" und verwirklicht den funktionalen Ansatz.

Nainggolan, S. – **Sukotjo,** A. u. a.: *Kontakte Deutsch. Ein Lehrwerk für die indonesischen Oberschulen* (Oberstufe). *Lehrbuch 1 und Arbeitsbuch 1.* Jakarta: 1982 (Lehr- und Arbeitsbuch 2 voraussichtlich 1984). *Kontakte Deutsch* verwirklicht den „Kontaktzonenansatz": Aus den aktuellen Kontaktbereichen der Lerner – z. B. aus dem Bereich „indonesisch-deutscher Schüleraustausch" – werden die lernerrelevanten Themen, Situationen, Sprachfunktionen usw. abgeleitet.

Neuner, G. u. a.: *Deutsch aktiv. Ein Lehrwerk für Erwachsene. Band 1 und 2.* München: 1979 und 1980. *Deutsch aktiv* wendet sich an Erwachsene ohne Vorkenntnisse und verwirklicht den funktionalen Ansatz, bei dem der Ausgangspunkt bei den lernerrelevanten Sprechhandlungen liegt, konsequent.

Piepho, H. E.: *Deutsch als Fremdsprache in Unterrichtsskizzen,* Heidelberg: 1980.

F) Fachzeitschriften, Jahrbücher und Bibliographien

Fachzeitschriften für DaF

Deutsch als Fremdsprache, Hrsg.: **Herder-Institut Leipzig.**

Deutsch lernen. Zeitschrift für den Sprachunterricht mit ausländischen Arbeitnehmern. Hrsg.: **Sprachverband Deutsch für ausländische Arbeitnehmer Mainz.**

Zielsprache Deutsch, Hrsg.: **Max-Hueber Verlag in Verbindung mit dem Goethe-Institut München** u. a.

Jahrbuch DaF, Hrsg.: **Wierlacher,** A. u. a. Erscheint seit 1975 einmal jährlich in Heidelberg und enthält neben Aufsätzen zum Bereich DaF eine Jahresbibliographie DaF, Kursorte und Kurstermine von Sprachkursen usw. an Universitäten und Goethe-Instituten in der Bundesrepublik sowie einen Rezensionsteil.

Fachzeitschriften, die vor allem vom Englisch- und Französischunterricht ausgehen

Der fremdsprachliche Unterricht, Hrsg.: **Hartig,** P., Stuttgart.

Die neueren Sprachen, Hrsg.: **Arndt,** H. u. a., Frankfurt.

Bibliographie

Bibliographie moderner Fremdsprachenunterricht IFS, Hrsg.: **Informationszentrum für Fremdsprachenforschung der Philipps-Universität Marburg unter Leitung von R. Freudenstein.** Die vierteljährlich erscheinende Bibliographie erfaßt praktisch alle Zeitschriftenaufsätze und Buchveröffentlichungen zum Fremdsprachenunterricht und enthält Kurzrezensionen.

Nachwort

Zum Schluß kann ich nur hoffen, daß unsere Einführung soviel ,,Juckpulver" enthält, daß Sie die Lektüretips begeistert aufgreifen und weitermachen!

Doch – stop: Bevor Sie mich endgültig ,,weglegen" und sich in andere Bücher vergraben, wollen wir noch schnell herausarbeiten, wie diese Einführung methodisch aufgebaut ist.

Versuchen wir, unser Gerüst der Lernphasen und der innerhalb der Lernschritte möglichen Lerntechniken sinngemäß auf den Buchaufbau zu übertragen. In welchen unserer Kapitel 1–4 erkennen Sie unsere drei Phasen ,,Aufnahme-, Festigungs- und Anwendungsphase" wieder, und welche Lernstrategien sind eingesetzt worden?

Stimmen Sie mit mir überein, daß sich die *Aufnahmephase* über Kapitel 1, 2 und 3 erstreckt und daß das einführende Unterrichtsmodell im Sinne der *Motivationsstrategie* ,,Einführung in Thema und Situation" fungiert, während die Abschnitte von der Auswertung des Modells bis hin zu der Leseverstehens-Methodik mit den *Darbietungsstrategien* vergleichbar sind? Kapitel 4, das die Unterrichtsmodelle mit den Arbeitsaufgaben enthält, könnte dann als *Festigungsphase* angesehen werden und die Begründungen in Kapitel 5 im Rahmen dieses Lernschritts als *Bewußtmachungsstrategien*. Bleibt die Frage nach der *Anwendungsphase:* Nun, diese Phase eröffnen Sie selbst – hoffentlich bald – mit Ihren ersten Stundenvorbereitungen, die Sie nach unserem Raster anfertigen! Und die *Reflexionsphase?* Da ,,stecken" wir gerade mitten drin!

Damit ist deutlich, daß unser Lernschrittzyklus nicht fremdsprachenspezifisch ist, sondern grundsätzlich gilt!

Zum Schluß eine letzte Bemerkung: Mit einigen von Ihnen werde ich vielleicht einmal zu einem Seminar über diese Einführung zusammentreffen: Gesetzt den Fall, ich eröffne dann nach kurzer Erläuterung die Diskussion über die Einführung mit ,,Feuer frei"! Bei Ihrem kommunikationsstrategischen Wissen bin ich sicher, daß Sie diese informelle Äußerung richtig interpretieren. Und ich kann nur hoffen, daß meine zukünftigen Rezensenten diese Interpretation mit Ihnen teilen!

Weitere Bände aus der Reihe
„Fremdsprachenunterricht in Theorie und Praxis"

Übungstypologie

zum kommunikativen Deutschunterricht

von Gerhard Neuner, Michael Krüger und Ulrich Grewer

Einführende Beiträge zum Wandel der Prinzipien und Übungsformen in der Fremdsprachenmethodik, zu Übungsabläufen und zu Sozial- und Übungsformen im Fremdsprachenunterricht.

Übungstypologie mit den vier Stufen: Entwicklung und Überprüfung von Verstehensleistungen; Grundlegung der Sprech- und Schreibfertigkeit in Übungsformen mit stark steuerndem, reproduktivem Charakter; Entwicklung der Mitteilungsfähigkeit in Übungsformen mit weniger steuerndem, reproduktiv-produktivem Charakter; freie Äußerung.

Praktischer Teil: Lehrwerkanalyse anhand des Übungsteils; Lehrwerkbearbeitung – Ergänzung und Erweiterung des Übungsangebots; Arbeit mit authentischen Materialien – Unterrichtsplanung: Übungs- und Handlungssequenzen – Erstellung von informellen Leistungstests.

184 Seiten, kartoniert-laminiert (49430)